象征与隐喻

——90个中国农业品牌的价值表达与视觉呈现

李 闯 著
胡晓云 学术顾问

本书研究了不同类型的品牌在品牌命名、品牌口号、品牌LOGO和品牌辅助图形设计中，品牌创造和运营团队赋予其象征和隐喻意义并进行视觉呈现的过程，为中国农业品牌的建设和运营提供创意、表达、审美、文化等方面的借鉴。

中国农业出版社
北 京

图书在版编目（CIP）数据

象征与隐喻：90个中国农业品牌的价值表达与视觉呈现 / 李闯著. —北京：中国农业出版社，2022.5
ISBN 978-7-109-29441-7

Ⅰ.①象… Ⅱ.①李… Ⅲ.①农产品-品牌-产品形象-设计-研究-中国 Ⅳ.①F326.5

中国版本图书馆CIP数据核字（2022）第087485号

中国农业出版社出版
地址：北京市朝阳区麦子店街18号楼
邮编：100125
责任编辑：张丽四
版式设计：王 晨 责任校对：沙凯霖 责任印制：王 宏
印刷：北京通州皇家印刷厂
版次：2022年5月第1版
印次：2022年5月北京第1次印刷
发行：新华书店北京发行所
开本：700mm × 1000mm 1/16
印张：19.75
字数：300千字
定价：100.00元

持续探索，永续理想

品牌口号，以语言文字方式表达品牌核心价值、品牌态度、品牌个性等有效诉求点，以链接、对应、推动、说服消费者产生相应的品牌态度与品牌行为，是品牌创建的关键要素。

一句好的品牌口号，如同一个品牌的旗帜，飘洋过海，振臂一呼，引发百应；如同冰山一角，其基座是品牌意蕴、品牌价值、品牌利益、品牌情感，乃至消费者渴望的品牌想象；如同一句枕边絮语，体贴入微，循循善诱，走心夺志，将消费者抱进品牌城堡，相濡以沫。

一个好的品牌，必定有一句恰如其分的品牌口号，像旗帜，像冰山一角，像枕边絮语，令消费者与品牌走进同一个世界，共创共荣，共同传递品牌价值观，在繁荣品牌世界的同时，繁荣了人间消费世界。

在中国农业品牌的创建过程中，品牌口号的作用尤为重要。因为中国农业的品牌化，刚刚起步不久；因为中国多数农产品，在十年二十年之前，酒香只在巷子里。因此，如何创造一句有效的品牌口号，以消费者或认同或惊喜或乐于传送的方式，传递一个品牌的灵魂及其所有意义，是品牌创造者需要完成任务的要义所在。

2009—2021年，浙江大学中国农村发展研究院（英文简称：CARD）中国农业品牌研究中心、浙江永续农业品牌研究院、浙江芒种品牌管理机构、燧人影像等团队，在全国各地创造、重塑、升维了众多的农业品牌，这些农业品牌，其类型均属于区域公用品牌。

作为区域公用品牌，在创意品牌口号时，应当有怎样的特征，怎样的独特诉求内容、诉求方式？12年间，团队以上百条品牌口号作为答卷进行了回答。而全国各地随处可见的品牌传播也在证明着，这些品牌口号与品牌的独特关系、品牌口号的诉求与消费者的互动价值。

李闯副教授，是团队中的重要一员。12年来，他与团队成员一起，探索农业品牌特别是区域公用品牌的品牌创建之路，与团队共同探索品牌口号的形成，并以学术研究的视角，旁观着团队共同探索的品牌口号的特点及其传播能量，终于，形成了专著《象征与隐喻——90个中国农业品牌的价值表达与视觉呈现》。

阅读全书，我们看到，李闯老师选取了90句品牌口号，进行了学术视角的探寻、追究、评析，对团队这12年来有关该90句品牌口号的创作意图、创意逻辑、创意表达、诉求效果等进行了深入阐释。

作为农产品品牌，作为区域公用品牌，该90句品牌口号的创作，从区域特征、文脉特色、产业特点、产品独特利益、品牌态度、品牌价值观与消费者的品牌需求、品牌认同、品牌忠诚相对应的角度出发，为品牌提供了核心价值诉求，传播了品牌力量，传递了消费呼应。在本书的每一个字里行间，我似乎看到了，每一次创意动脑会议上，团队全力以赴、脑洞大开的创意火焰；我似乎听见了，推导每一句品牌口号时的知识铺垫与心路历程；我似乎重回了各个品牌发布会现场，重温了一句句品牌口号通过品牌形象片进行传递时的波澜壮阔。

丽水山耕，法自然，享淳真；盐池滩羊，难得一尝；济宁礼飨，济宁礼，天下享；巴味渝珍，活得浓墨重彩，吃得淋漓痛快；锡林郭勒羊，诗与远方，就是我的日常；庆安大米，有一种米香，叫“庆安香”；武功猕猴桃，下功夫，成好果；安吉白茶，纯粹好茶……阅读全书，让我也回忆起当年提出这些品牌口号时的热血沸腾。

感谢李闯老师的研究与关注。期待他能持续探索下去，进一步成就中国农业品牌化的明天。

还是那句话，一起探索，一起精彩，一起向未来！为了中国农业品牌化、中国乡村品牌价值的立体提升，让我们，永续理想。

胡晓云

2022年3月16日

意义的生成

当远古智人在河边石块上刻下鱼的符号，告知后来者此处有鱼，或在洞穴的岩壁上刻下狩猎的场景，记录当时发生的故事时，人类赋予符号意义的过程便产生了。

意义并不是自然而然就在那里的，需要远古智人的创造，也需要被解读、被传播，简而言之，意义并不是一成不变的，是一个不断被赋予、不断被理解的过程。能否理解符号蕴含的意义是人与其他动物是否存在高等智慧的重要区别。

我们生活在一个有意义的世界里，并依据对意义的不同理解采取行动；而这种行动本身反过来又影响着意义的生成，进而影响我们身处的周遭环境。因此，赋予和读取符号意义的能力就成为人生存、生活的必备技能。

在赋予和读取符号意义的过程中，象征与隐喻是两个重要的转换“介质”。象征与隐喻都是一种修辞手法。象征指的是借用形象的具体事物表示抽象的事理或某种精神品质；隐喻则是以两个事物或概念之间的相似性来作间接暗示的比喻方法。借由象征与隐喻，人类创造出一个丰富多彩、包罗万象的精神世界，让思想更丰满，让想象更瑰丽，让生活更有趣。

从意义生成的角度看，现代社会中各种实力品牌的运作是这方面的高手。在持续的营销传播中，品牌建设主体通过象征与隐喻，为品牌口号、品牌符号注入灵魂，使品牌鲜活起来，成为“有意味的形式”，成为有个性、有思想、有温度的意义载体。这些意义借由各种媒介触达消费者，为消费者所理解和记忆，一旦与消费者的利益诉求和价值观相吻合，就会促成消费决策，达成消费行为。

然而，品牌名称、品牌口号、品牌符号并不是一个静止的“文本”，其象征与隐喻的意义一直都是变动不居的，因此更适合从一个动态的过程去研究其意义的生成。这一过程的起点，便是本书重点关注的领域，即农业品牌创建的初期，我们应该赋予品牌名称、品牌口号、品牌符号何种象征与隐喻的意义，以去对接消费者深层的心理需求。

为此，本书研究了在过去十多年时间里，以浙江大学胡晓云老师为首席学术顾问的浙江大学中国农村发展研究院（英文简称：CARD）中国农业品牌研究中心、浙江芒种品牌管理机构、浙江永续农业品牌研究院为全国各地打造的农业品牌，梳理出其中的90个，反思其意义生成的过程和赋予其意义的初心。

当然，品牌名称、品牌口号、品牌符号一旦被确定后进入媒介，与消费者对话，还会有一个被识别、被读取的“接受美学”过程。这一过程不受品牌创作者、品牌运营者控制。理想的状态是消费者不止正确读取了其中的意义，更丰富了其中的意义，开启意义生成的新一轮循环。

实际上，“误读”是常有的事。“误读”并不是对错意义上的判断，它应该被理解为一个协商的过程。当“误读”发生时，其实是给予了品牌与消费者相互调适的机会，以便重新生成意义，更好地进行沟通。

在当前品牌经济、品牌竞争、品牌消费的时代，农业品牌的消费将越来越超越物质、功能、价格的竞争，进入符号、价值、情感、个性、文化消费的层面。一句话，消费者不仅消费农业品牌的“物体”，更消费其意义。

衷心希望消费者能在这90个农业品牌案例的意义生成中，见自己，见天地，见众生。

著　者

2022年3月17日

目录

CONTENTS

中篇
多品类农产品区域公用品牌

下篇 区域公共品牌

上篇

SHANGPIAN

单品类农产品区域公用品牌

一、品牌名称：灞桥樱桃

“灞桥樱桃”是陕西省西安市灞桥区的特色优势农产品，2012年获得国家质检总局批准的地理标志产品保护，保护范围为陕西省西安市灞桥区的狄寨、席王、洪庆三个街道的现辖行政区域，曾获“中华名果”称号，是区域名称加单产业的农产品区域公用品牌。

二、品牌口号：寻踪白鹿原，此物醉红颜

灞桥区塬地山区海拔较高，昼夜温差大，是全国樱桃种植区域成熟最早的地区之一，也是全国著名的樱桃种植优生区。灞桥区位于西安市主城区东部，距西安市中心约10公里路程，是西安的城市后花园。通过樱桃采摘、白鹿仓等景区的联动，每年到灞桥旅游的游客高达1200万人次。

然而，灞桥在全国的知名度并不高，“灞桥樱桃”要想走向更广阔的全国市场，必须借力更有代表性和传播力的元素。调研发现，这里是著名作家陈忠实的故乡，其伟大作品《白鹿原》是现代文学经典；灞桥毗邻蓝田，蓝田有白鹿原影视城，灞桥有白鹿仓景区。白鹿原古

时即称灞上，可见灞桥与白鹿原之间深厚的文化渊源。自《白鹿原》小说问世以来，特别是影视剧热播以来，“寻踪白鹿原”蔚然成风。

樱桃颜色鲜艳，口味清甜，天然地带有女性气质，具有补血养颜的功效。因此，本案确立“灞桥樱桃”品牌口号为“寻踪白鹿原，此物醉红颜”。这一品牌口号强势链接白鹿原，将白鹿原文化游和樱桃采摘游有机结合起来，采用拟人化的表达，调和灞桥名称的距离感，拉近与消费者的距离，增强消费想象。

三、品牌符号：品牌LOGO

“灞桥樱桃”的品牌LOGO创意源自于地缘文化和产品特征。从地缘文化上看，白鹿原地跨两区一县，是一个寄托了美好想象、洋溢着传奇色彩、拥有出众生态的区域，传说白鹿在此游弋，这也是一片祥瑞之地。“灞桥樱桃”就是这片祥瑞之地上的果实。

“灞桥樱桃”品牌LOGO整体上是一只跃动的鹿，象征着产区与白鹿原的关联，也彰显出“灞桥樱桃”不断进步、不断超越的品牌精神；鹿的身体中镶嵌着两颗樱桃，指向品牌产品的类别。

灞桥樱桃
BAQIAO CHERRIES

“灞桥樱桃”品牌LOGO

四、品牌符号：品牌辅助图形

品牌辅助图形将白鹿、樱桃、樱桃花、灞桥与西安古建筑大雁塔融合在一起，充分展现出灞桥区域位置、文化特色与产业特征。在设计上，对鹿角进行了艺术化处理，使之形成玉如意纹样，进一步体现其祥瑞吉祥的品牌内涵。

“灞桥樱桃”品牌辅助图形

宝鸡苹果

一、品牌名称：宝鸡苹果

陕西省宝鸡市是我国重要的苹果产区，其下辖区县凤翔县、扶风县、岐山县、陈仓区等都是省级苹果基地。2015年7月“凤翔苹果”在国家工商总局成功注册地理标志证明商标，其他区县也积极行动，开展了相应的营销传播活动，但分散的资源一直未形成合力。“宝鸡苹果”是陕西省宝鸡市整合区域优势资源、超越区县区域范围而打造的单品类农产品区域公用品牌，是宝鸡市区域苹果品牌生态系统建立的新起点。

二、品牌口号：宝鸡苹果，一果见中国

2018年2月，宝鸡市城市形象对外发布，城市品牌口号为“看中国，来宝鸡”。宝鸡城市形象品牌口号的来源，不仅是因为“中国”二字首次以词的形式出现在出土于宝鸡的国宝重器“何尊”上，更融入了对宝鸡历史文明的文化自信、良好生态的生态自信和现代工业的发展自信。这种自信，与宝鸡农人对宝鸡苹果的品质自信如出一辙。

城市是农产品的消费场域，农产品是城市气质的延续。宝鸡苹果生长于这片繁荣的土地之上，融汇了这片土地的青山绿水、人文智慧，也让城市的生命力得以进一步扩展。宝鸡市广邀天下游客来到宝鸡这片土地“看中国”，“宝鸡苹果”又何尝不是“看中国”的一扇明窗呢？显然，“宝鸡苹果”是中国悠久农耕文明传承的有效载体，是中国生态文明建设的重要表征，是中国“三农”风景的靓丽底色。

宝鸡苹果具有卓越的产业基础，不论是黄河、长江两大水系和秦岭、渭河平原共同构成的自然生态，还是炎帝故里、周秦王朝发祥地和儒、释、道三家文化汇集而成的历史文脉，或者由科研机构和果业专家支撑、以矮砧密植模式为代表的科技创新，都凝聚在了一颗红彤彤的苹果里。

因此，确立“宝鸡苹果”品牌口号为“宝鸡苹果，一果见中国”。在一颗小小的果子里，可看见泱泱大国的万千气象和悠久历史。

“宝鸡苹果”品牌口号与宝鸡市的城市品牌口号“看中国，来宝鸡”相呼应，在后续传播中可以形成联动，“看中国，来宝鸡”提出了倡议和邀请，“一果见中国”则是给出了“看中国”的实施路径。

品牌口号提升了品牌站位，又蕴含着文化传承与哲学思想，瞄准的是具有更高消费能力和鉴赏能力的消费者群体，有利于宝鸡苹果突破现状，以强大的品牌自信和鲜明的品牌差异获得更多高端消费者的青睐与认可，甚至成为我国具有代表性的“国礼”。

三、品牌符号：品牌LOGO

“宝鸡苹果”品牌LOGO创意来源于城市品牌LOGO，抽象化地提取城市品牌LOGO中凤头形状的黄红两色飘带，重新构造苹果产业的类别特征，完成从吉祥符号到苹果产业符号的蜕变，形成“宝鸡苹果”品牌主形象。

“宝鸡苹果”品牌LOGO

在色彩选择方面，延续了城市品牌视觉元素中原有的红黄两色，在微调优化后，形成苹果成熟时的自然色泽。黄色代表着黄土高原和富饶土地，红色代表着中华传统的丰收与喜庆以及苹果的颜色。品牌LOGO整体传达出“宝鸡苹果”的区域属性，又包含了“在苹果中品味中国”的寓意，与“一果见中国”的品牌口号相呼应。

宝鸡城市品牌LOGO与“宝鸡苹果”品牌LOGO的承继关系

四、品牌符号：品牌辅助图形

无。

苍山蔬菜

一、品牌名称：苍山蔬菜

山东省临沂市兰陵县（2013年前为苍山县）是全国重要的蔬菜种植基地之一，也是“中国大蒜之乡”。“苍山大蒜”于2015年获得国家农产品地理标志登记保护。“苍山蔬菜”是兰陵县蔬菜产业农产品区域公用品牌。

二、品牌口号：苍山蔬菜，绿色的！

经调查发现，消费者对蔬菜的消费认知主要集中在新鲜、健康、安全、可口等指标。这些指标如何转化为消费语言？

大众传播心理学中关于“放心、安全、健康”的认知调查显示，绿色拥有广泛的心理基础和社会偏好，已经形成广泛的社会共识。交通信号的绿灯、安全出口的标志、安全生产的标签、绿色通道、安全上网的视觉符号等都选用了绿色。在进化的意义上，绿色也是人类对大自然最深刻的记忆。

色彩心理学研究表明，绿色为短波长颜色，既非冷色，亦非暖色，易使人产生平静、舒适之感，能提升人的愉悦感与积极性。正是基于此研究，绿色才成为“放心、安全”最普遍的代表，得以被广泛应用。

如今的蔬菜品种丰富多样，色彩斑斓，但大众对蔬菜最普遍的认知仍是绿色，不仅因为绿色是大多数蔬菜的颜色，代表着新鲜健康，更是因为消费者对绿色有原生态、高品质、按绿色食品标准生产的认知心理。

因此，本案确立“苍山蔬菜”的品牌口号为“苍山蔬菜，绿色的！”，用最朴实的表达，传递丰富的内涵。

三、品牌符号：品牌LOGO

“苍山蔬菜”品牌LOGO以书法笔触勾勒出辣椒、大蒜、茄子、菌菇、丝瓜、大葱、番茄、牛蒡等苍山蔬菜主要品种的形象，巧妙组合成“苍山”的拼音，表现出蔬菜的基本属性及品类的丰富性，传递来自“中国蔬菜之乡”的产地属性。

“苍山蔬菜”品牌LOGO

为解决苍山知名度低的问题，品牌名称书法字体旁加盖“山东”印章，点名区域归属。颜色的选择上，在匹配蔬菜本身色彩的同时，遥接“好客山东”的旅游形象设计，便于在各种场景中融入省域传播活动。

“好客山东”省域品牌形象

四、品牌符号：品牌辅助图形

“苍山蔬菜”的品牌辅助图形紧贴“绿色”核心价值，以蔬菜的基本形态为创意基础，通过对多种蔬菜的抽象化表达，形成一幅“苍山蔬菜”物产图。辅助图形以深浅不同的绿色，营造出视觉舒适、心理安全的感觉，将“苍山蔬菜”种类丰富、健康安全的认知传递给消费者，形成调性统一、与其他竞品区隔性强的特征。

“苍山蔬菜”品牌辅助图形

长白山人参

一、品牌名称：长白山人参

“长白山人参”也称“吉林长白山人参”，是横跨吉林省白山市和延边朝鲜族自治州的长白山出产的特色优势、药食同源的中药材，2002年12月获得国家质检总局批准的原产地域产品保护，保护范围为长白山周边的抚松县、安图县等14个县市的现辖行政区域，2009年3月获得国家工商总局商标局核准注册的地理标志证明商标，是非行政区划的区域名称加单产业的区域公用品牌，其品牌产品覆盖多个行政区域。

二、品牌口号：国之精典，人之根本

人参自古便有“百草之王”“地精神草”“中药瑰宝”等美誉。在民间，有关人参的故事传说被持续传颂，经久不衰，足见其在我国中药历史文脉及产业发展中的重要地位。人参的食药同源特性使之成为人们日常生活中常见的滋补佳品，有广泛的消费人群和集体意识，可以说是一种国民保健食材。

人参究其本质，是以根入药，作用在于补气固本。“根”与“本”

是人参在产品功能与文化内涵上的核心诉求。在汉语中，“根”即为“本”，“本”即为“根”，二字合并成“根本”，即指基础或本质，既强调事物的重要性，亦彰显其基础性，这恰是“长白山人参”的核心功效。

从重要性而言，人参是百草之王，在中医药发展中占据重要地位；从基础性而言，人参以补气固本为功效，元气是人得以延续的基础。“根本”一词既能体现“长白山人参”在产品功能上的基础作用，又能体现其在中国历史文化中的重要地位。

因此，本案确立品牌口号为“国之精典，人之根本”。“国之精典”彰显“长白山人参”在中医药历史、传统文化和国民生活方式中的重要地位，使其跳脱中药材产品的竞争范畴，将其置于整个中国文化的格局中，以此化解中药材同类产品与功能近似的跨类产品的激烈竞争。“人之根本”则回归“长白山人参”的本质作用，将其补气固本的产品功能直抵人心，形成清晰的消费认知。

三、品牌符号：品牌LOGO

“长白山人参”品牌LOGO从中国传统文化“印章”、人参生长环境、中医药传统文化中提取创意元素。印章及其经典中国红代表着正统、诚信、庄重，是经典延续、文化传承的重要载体与符号元素。“一山”指长白山特有的生态环境与气候特征；“三水”指发源于长白山的鸭绿江、图们江、松花江三江水系；“两气”指人参能补守中医药理论中的阴阳二气，这是人的精神和肉身延续的根本；“一脉”则是指“长白山人参”自古以来就朴守补气固本的食补、药补中医文脉传统。

上述元素经艺术化处理，以人参的根须样式呈现，并进行创意组合，置于一方印章之中，形成了“长白山人参”的品牌LOGO。在色彩上，图形和文字分别采用正统的中国红和庄严的黑，形成个性鲜明、庄重典雅的视觉效果，彰显品牌在中国文化中的重要地位。

“长白山人参”品牌创意元素

长白山人参
CBM GINSENG
国之精典 人之根本

“长白山人参”品牌LOGO

四、品牌符号：品牌辅助图形

“长白山人参”的品牌辅助图形由5个以人参为表现对象、面向不同消费群体的插画构成。面向儿童、青少年群体，诉求“快乐的根本”，将人参与表达美好祝愿的“长命锁”“肚兜”等元素组合；面向青年、中年男性群体，诉求“活力的根本”，将人参与传统男性配饰的“青山”“玉珏”等元素组合；面向青年、中年女性群体，诉求“美丽的根本”，将人参与传统女性配饰的“芙蓉花”“玉钗”等元素组合；面向老年群体，诉求“健康的根本”，将人参与寓意长寿和福禄的“寿星”“蝙蝠”等元素组合；将上述图形中的重要元素进行重新组合，形成一个人生圆满的玉环，就是面向众生的传播辅助图形，诉求“人生的根本”，表现人生、家庭、事业等方面的完美。

“长白山人参”的品牌辅助图形将人参置于中国传统文化的语境中进行重新审视，深度链接不同消费人群的内在需求与人生渴望，使“长白山人参”与中国人的生活方式深度链接，强化品牌价值内涵。

“长白山人参”品牌辅助图形

长荡湖大闸蟹

一、品牌名称：长荡湖大闸蟹

“长荡湖大闸蟹”是江苏省常州市金坛区长荡湖出产的特色优势大闸蟹，连续多年成为香港水产品市场的特供产品，2008年入围“中国十大名蟹”。2021年11月，“长荡湖大闸蟹”一般商标进入初审公告阶段，当前其地理标志证明商标正等待实质审查，是非行政区划的区域名称加单产业的区域公用品牌。

二、品牌口号：蟹香长荡，鲜甜棒！

长荡湖又名洮湖，属太湖水系，是我国南方较大的浅水型、水草型淡水湖泊，水草丰茂，螺蚬众多，湖水pH常年在7～8，特别适宜甲壳类水产动物养殖。尤为重要的是，长荡湖属于“客水”型湖泊，源源不断的活水滋养了大闸蟹，造就了其鲜甜的味道。

从消费立场看，人们最喜欢吃大闸蟹的蟹黄和蟹膏，其重要特点是让人唇齿留香，久久回味。“香”作为嗅觉记忆，留存了人们对大闸蟹最直接的感觉，也是消费者对蟹满长荡湖丰收景象的通感。

因此，“长荡湖大闸蟹”确立品牌口号为“蟹香长荡，鲜甜棒！”。品牌口号在诉求产品特性的同时，创造性地应用了品牌的区域名称，长荡有蟹香经久不散、长久回荡之意，有利于形成品牌记忆。“鲜甜棒”则将“湖鲜”应有的“鲜”、“长荡湖大闸蟹”特有的甜与消费者追求的新鲜、甘甜结合起来，共同为出类拔萃的“棒”提供事实依据。

“鲜甜棒”在品牌传播的过程中具有广阔的延展空间，是“长荡湖大闸蟹”环境棒、产品棒、技术棒、口感棒等一系列特征的概括，并可延伸至消费者的生活、工作、学习等各个方面，是一种对待品质生活的态度。“鲜甜棒”语句短促，有节奏感，有强烈的推荐意味，充满互联网式的互动传播基因，与竞争对手相比，更容易产生消费互动，形成品牌定位区隔。

三、品牌符号：品牌LOGO

“长荡湖大闸蟹”品牌LOGO在设计上规避了市场上常见的写实性、具象化大闸蟹形象，用写意性的手法，结合金坛区刻纸非遗风格，夸张地表现出“长荡湖大闸蟹”呆萌可爱又不失霸道的拟人化特点。

品牌主形象将长荡湖拼音的首字母“CDH”提取出来，将C和H放大、变形，化身为大闸蟹的两只绒螯，在D的上面点缀上两个小点，作为螃蟹的眼睛，D便成了大闸蟹吹泡泡的嘴巴。就这样，一个鲜活、灵动、可爱、奋力游在水面上的大闸蟹形象便跃然纸上了。

“长荡湖大闸蟹”品牌LOGO

“长荡湖大闸蟹”的品牌LOGO呈现出较强的卡通风格，塑造了一个力争上游的“励志蟹”，像一个励志表情包，有很强的记忆点，也更易于被年轻人群接受。

四、品牌符号：品牌辅助图形

“长荡湖大闸蟹”品牌辅助图形是大闸蟹在长荡湖畅游的生长场景，清澈的蓝绿色湖水衬托着生猛体壮的大闸蟹，蟹螯孔武有力，长满绒毛，正是中华绒螯蟹的典型特征。

“长荡湖大闸蟹”品牌辅助图形

大方天麻

一、品牌名称：大方天麻

“大方天麻”是贵州省毕节市大方县特产，2008年，获得国家质检总局批准的地理标志产品保护，保护范围为大方县的大方镇、羊场镇等36个乡镇现辖行政区域。大方县是中国天麻之乡，其生产的天麻（野生和家种）因天麻素含量高而闻名。2016年12月，“大方天麻”获得国家工商总局商标局核准注册的地理标志证明商标。

二、品牌口号：北有长白人参，南有大方天麻；大方天麻，论克卖！

经调研发现，目前消费者普遍对天麻认知度不高，多数消费者完全不知道天麻产品，部分消费者对天麻功效与食用方式有误解，甚至望文生义；注重健康养生的消费者对天麻稍有认知，但对其功效认知模糊。因此，“大方天麻”需要有一个突出品牌价值且改变消费者认知的口号，以促进“大方天麻”的品牌传播和产品销售。

人参众所周知，而“长白山人参”是人参中的精品，被誉为“百草之王”。为突出“大方天麻”产品功能和价值，本案借势消费者对人参的消费认知，以比附方式，与消费者沟通，快速明确其食养和药养功能，迅速进入消费者心智，占领一个牢固位置。

基于此，确立“大方天麻”品牌口号为“北有长白人参，南有大方天麻”，借助消费者对“长白山人参”的认知度和好感度，突出大方天麻的食药价值。

为进一步强调“大方天麻”的珍贵和稀缺性，匹配其在天麻领域里类似“长白山人参”在人参领域的高端行业地位，与同类产品形成区隔，本案确立品牌传播副口号为“大方天麻，论克卖！”。

重量单位“克”是消费者熟悉的对贵重、稀缺物品的售卖单位，借此强化“大方天麻”天麻素含量高、品质好、产品稀缺的特性。

三、品牌符号：品牌LOGO

“大方天麻”LOGO以明初著名的彝族女政治家奢香夫人为原型，将彝族服饰元素和少女形象巧妙地融入其中。背篓元素展现了彝族人自乌蒙山深入采集天麻的情形；少女低头凝视大方天麻，显示出内心的虔诚与对天麻的珍视，与品牌定位“原生养神珍品”相呼应。

“大方天麻”品牌LOGO

“大方天麻”LOGO整体上是一个人物形象，但没有模糊“大方天麻”字体的视觉焦点，反而相得益彰，增加了品牌的少数民族风情和神秘色彩，一幅辛勤的彝族少女背着背篓在山中采药的场景跃然纸上。

四、品牌符号：品牌辅助图形

“大方天麻”辅助图形延续了品牌主形象的少数民族风格，采用极具民族特色的图形纹样。其设计元素是从彝族传统文化中提取的，将大方漆器，彝族民族服饰，大方农民画中的纹样、配色等元素融入创作，在配色上采用彝族最惯用最高贵的三种颜色：黑、红、黄，最终形成识别度显著、寓意吉祥的新纹样。

纹饰图案广泛应用于包装设计、海报设计、户外场景中，能够形成独特的品牌调性，简洁、抽象的纹饰有利于超越跨文化传播的障碍。

“大方天麻”品牌辅助图形

大佛龙井

一、品牌名称：大佛龙井

浙江省绍兴市新昌县是中国山水诗、山水画的发祥地，也是浙东唐诗之路、佛教之旅、茶道之源的精华所在，自古便是产茶名区，其历史最早可追溯至东晋时期，茶树品种好，茶叶品质高。

新昌佛教文化深厚，东晋高僧支遁曾在此立寺行道，吸引众多僧人聚于石城山（今新昌大佛寺）种茶饮茶，参禅悟道。自此，"禅茶一味"在新昌薪火相传。新昌至今仍完好保存有1500多年前的"江南第一大佛"。

2003年"大佛龙井"获得国家工商总局商标局核准注册的地理标志证明商标，2021年"大佛龙井"品牌LOGO获得国家知识产权局商标局核准注册。"大佛龙井"是区域标志性元素加单产业的区域公用品牌。

二、品牌口号：居深山，心自在；一杯好茶，万事新昌

与历史文化名茶"西湖龙井"相比，"大佛龙井"显然是一个新创茶叶品牌。同为龙井茶，如何形成区隔，开展错位竞争，是"大佛龙

井”亟待解决的问题。对比后发现，“西湖龙井”是杭州城市里的一小片山水养育的茶，而“大佛龙井”主要是新昌县海拔400米的高山上养育的茶；“西湖龙井”有乾隆“十八颗御茶树”的故事，“大佛龙井”有佛教“禅茶一味”的文脉。

因此，本案融合环境优势、文化渊源和产品属性，确立品牌主口号为“居深山，心自在”。

“居深山”突出了“大佛龙井”的生长环境优势。新昌的茶园，主要分布于海拔200～700米的丘陵、台地和山地之间，远离城市喧嚣。这里清流净水浸润茶树，土壤富含有机质，茶叶得以自在生长。

“心自在”意为于“大佛龙井”一片叶子中，可探茶禅一味的心境。安静地看着一片片龙井在透明杯中翻滚，然后归于平静，泛出杏绿汤色，饮一口，栗香馥郁，醇厚甘爽，让人身心舒畅，悠享自在心情，体会人间欢喜。自在，也是当代都市消费者最重要的身心需求。

“居深山”的生态环境造就了高品质好茶。这杯好茶，来自新昌，承载了新昌农人、茶人的匠心、祝愿和梦想。这种梦想其实是人类共同的价值追求，即万事新昌。因此，基于产品品质和区域名称的双关含义，确立品牌传播副口号为“一杯好茶，万事新昌”。

三、品牌符号：品牌LOGO

“大佛龙井”品牌LOGO创意源自对茶与水关系的思考、茶叶的产品特征、茶叶入汤在杯口荡出的波纹、昌字的再创意、打坐修禅的佛等多重思想和意象。

通过对以上元素进行组合，最终将茶杯升腾的氤氲幻化成一尊佛像，呼应“大佛”品牌名称，遥接“佛心自现”哲思，与品牌名称与核心价值形成极强的互文关系。

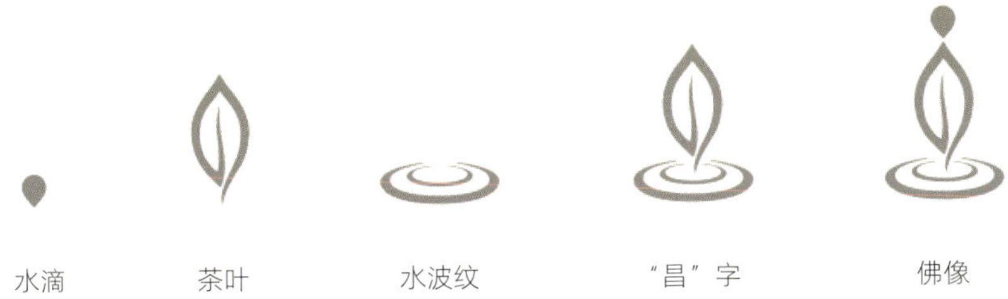

“大佛龙井”品牌设计元素

“大佛龙井”品牌LOGO

四、品牌符号：品牌辅助图形

品牌辅助图形创意来源于新昌县人文和自然景观中的代表性元素，如天姥神山、东晋古刹、十九峰峦、仙鹤飞舞、云雾缭绕与大佛茶韵。总之，在一杯茶里，看见、感悟、体会到了新昌县的万千气象。

通过对以上元素进行创意组合，采用山水画的表现手法，将万物融入新昌越窑产的茶器之中，形成“大佛龙井”的品牌辅助图形。

品牌辅助图形以淡雅的蓝色为底色，用茶香勾勒出一幅山间云雾缭绕的祥瑞图景，借助茶叶、古寺、白鹤与红日等元素的点缀，增添中国禅茶文化“正、清、和、雅”的韵味。

天姥山

天姥阁

十九峰

仙鹤

大佛寺

茶碗（越窑青瓷碗）

“大佛龙井”品牌辅助图形创意元素

“大佛龙井”品牌辅助图形

大荔冬枣

一、品牌名称：大荔冬枣

“大荔冬枣”是陕西省渭南市大荔县特色优势农产品，2011年获得农业部批准的农产品地理标志登记保护，保护范围涉及大荔县的17个镇，是区域名称加单产业的区域公用品牌。“大荔冬枣”在国内销售市场已覆盖40多个大中城市，并外销至10多个国家和地区，是中国鲜食枣品牌的开拓者和引领者。

大荔冬枣皮薄核小，肉质脆甜，营养丰富，被誉为“百果之王”“活维生素丸”，直营市场遍布北京、深圳等40余个城市，外销加拿大等10多个国家和地区，挺进了高铁、航空领域，荣获“2017消费者最喜爱的中国农产品区域公用品牌”和“中国百强农产品区域公用品牌”等多项荣誉，成为中国鲜食枣市场的开拓者和引领者。

二、品牌口号：大荔冬枣，脆甜早知道；大荔冬枣，粒粒皆惊喜

大荔县地处关中平原东部，得黄河、渭河、洛河滋润，具平川、

沙苑、坮塬地貌，光热资源丰富，土壤肥沃，昼夜温差大，是我国红枣优势资源区。与其他产区的冬枣相比，“大荔冬枣”拥有两个差异化特点，一是清脆、甘甜；二是上市时间早，在五六月份即可吃到鲜果。

因此，本案确立“大荔冬枣”的品牌口号为“大荔冬枣，脆甜早知道”，通过拟人化的方式，与消费者对话。在消费者产品评价与电商反馈中，焦点集中在外观、上市时间、口感、甜度等方面带来的超值惊喜上，因此，本案还提出了“粒粒皆惊喜”的品牌副口号，以拉近与消费者的心理距离。

三、品牌符号：品牌LOGO

“大荔冬枣”品牌LOGO以枣红色为主色调、以印章为外形，在消费市场中强调“大荔冬枣”品牌的正统性，区隔于其他地区的仿冒产品。品牌LOGO表现了“大荔冬枣”沐浴阳光的场景，并将大荔山和三河交汇场景处理成枣树枝条的样式，形成“大荔冬枣”独有的视觉识别符号。

脆 / 甜 / 早 / 知 / 道

“大荔冬枣”品牌LOGO

四、品牌符号：品牌辅助图形

“大荔冬枣”品牌辅助图形艺术化地呈现了产品本身的品质特征、色相特征，并将大荔县的状元文化和拱桥元素融入其中，强化区域的识别性。冬枣红黄色彩逼真、色泽亮丽，果肉水润洁白，能够唤起消费者的购买欲。

“大荔冬枣”品牌辅助图形

大同黄花

一、品牌名称：大同黄花

大同市云州区是我国著名的“黄花之乡”和中国特色农产品优势区。“大同黄花”是山西省云州区（原大同县）的特色优势农产品。目前由大同市云州区黄花菜合作协会申请的农产品地理标志登记保护已经被受理。“大同黄花”是区域名称加单产业的区域公用品牌。

二、品牌口号：大同黄花，大有不同

“大同黄花”产品的优质源于其优越的产区条件和“火山土”稀缺资源，由此形成了区别于湖南祁东、四川渠县、甘肃庆阳等其他黄花主产区的独特品质。具体来说，包括以下五个方面。

营养：根植火山土，营养大不同；

香气：沐浴桑干河，香气大不同；

滋味：晒足六个月，滋味大不同；

色泽：吸收阳光味，色泽大不同；

花形：采摘月光下，花形大不同。

“大同黄花”在气候、土壤、水质、光照、采摘方式等方面的优势，塑造了其独特的核心价值，形成了显著的差异性。因此，确立“大同黄花”的品牌口号为“大同黄花，大有不同”。

品牌口号从品牌的差异性出发，利用产品的独特性去抢占消费者心智。同时将大同的区域名称融入品牌口号，与地理名称产生呼应关系，增强与产地的链接。

三、品牌符号：品牌LOGO

“大同黄花”品牌LOGO将云州区的火山群落、桑干河与“大同黄花”进行融合，形成手奉黄花的意象。图形的下半部分是河流、火山丘和黄花演变的一只手，象征花农将优质产品虔诚奉予消费者；图形的上半部分是朵朵黄花的具象，描摹了一簇长于枝条、等待采收的黄花。在配色上，采用了实物颜色中标志性的黄色与绿色，以增强写实效果。

“大同黄花”字体设计采用了魏碑字体，以延续大同的历史文脉。因为大同曾是北魏的都城，北魏在大同的发展历史中占据重要地位。

“大同黄花”品牌LOGO

四、品牌符号：品牌辅助图形

“大同黄花”品牌辅助图形创意来自黄花产地大同的代表性地标与产业特征。在设计中，两套辅助图形中都融入了本地昊天寺、大同火山、桑干河、黄花菜等元素。

主辅助图形侧重生态环境，以山水元素为主，具有写实风格；副辅助图形偏重文脉特征，以文化地标和饱满色块为主，抽象的艺术表达倾向明显。两者可应用于不同销售渠道，面向不同消费人群。后者更偏向于年轻化的审美特征，在电商平台上具有较强的呈现效果。

“大同黄花”品牌辅助图形

都江堰猕猴桃

一、品牌名称：都江堰猕猴桃

“都江堰猕猴桃”是四川省都江堰市的特色优势农产品，2007年12月获得国家质检总局批准的地理标志产品保护，保护范围为都江堰市现辖行政区域，2016年12月，获得国家工商总局核定注册的地理标志证明商标，是区域名称加单产业的区域公用品牌。都江堰市是四川省猕猴桃产业发展的优势产区，先后被评为“中国猕猴桃无公害科技创新示范市”“中国绿色生态猕猴桃之乡”。

二、品牌口号：山水印记，自然欢喜；都江堰猕猴桃，尝不尽的山水味道

都江堰市是一座因都江堰水利工程而兴的城市。都江堰是国家5A级旅游景区、世界文化遗产、世界灌溉工程遗产、全国重点文物保护单位。这座城市的底蕴就是这一方山水，“拜水都江堰，问道青城山”是都江堰鲜明的旅游特征，生长于斯的都江堰猕猴桃凝聚了这方山水精华的印记。

都江堰猕猴桃的生产历史悠久，且与道家文化有密不可分的关系。早在1200多年前，青城道人就以采猕猴桃酿果酒养生，洞天乳酒之名自此享誉天下。道家文化倡导遵循自然规律，顺应自然发展，追求与自然合一的境界。果养人、人养道、道养果，道文化成为滋养都江堰猕猴桃生长的重要精神力量，都江堰猕猴桃亦是都江堰人顺应自然发展、依循道家精神所获得的自然造物。

依托国家5A级旅游景区，"都江堰猕猴桃"确立品牌定位为"都江堰首选伴手礼"，圈定核心消费人群为游客。都江堰水利工程的山水景观带给游客自然旅行的愉悦，美味的猕猴桃带给游客味蕾的愉悦。游客在都江堰观赏游玩、品尝猕猴桃，感受到的是一种欢喜之境。这种欢喜，来自都江堰的自然山水、都江堰猕猴桃的自然风味，也来自游客融入自然而体验到的身心愉悦。

从区域特征、文化特征、产品特征与消费体验出发，本案确立"都江堰猕猴桃"的品牌主口号为"山水印记，自然欢喜"，副口号为"都江堰猕猴桃，尝不尽的山水味道"。

三、品牌符号：品牌LOGO

"都江堰猕猴桃"品牌LOGO抓取猕猴桃的三个代表品种（绿心、红心、黄心），以扇形横切面形式进行艺术化呈现，扇形猕猴桃心为山，中间留白为水，形成虚实结合的都江堰山水交融写意画面。扇形猕猴桃心的大小寓意"都江堰猕猴桃"红心为特色、绿心规模大、黄心有潜力的产业特征。

"都江堰猕猴桃"品牌整体形象美观大方，有很强的艺术气息，在众多猕猴桃品牌中具有较高的识别度，亦能体现都江堰猕猴桃"山水印记，自然欢喜"的品牌核心价值。

都江堰猕猴桃
DU JIANG YAN KIWI

"都江堰猕猴桃"品牌LOGO

四、品牌符号：品牌辅助图形

"都江堰猕猴桃"品牌辅助图形延续了品牌主形象的创意元素，进一步组合了都江堰水利工程、青城山、鱼嘴口、安澜索桥等代表性元素，以水墨写意的方式渲染背景，将猕猴桃主形象元素放于视觉中心点，呈现出山水虚实结合的缥缈意境。通过红、黄、绿三色，品牌辅助图形将产业、产品特征凸显出来，与品牌LOGO形成强烈的互文效果，有利于增强消费者品牌识别、品牌记忆的效果。

"都江堰猕猴桃"品牌辅助图形

鄂托克前旗羊肉

一、品牌名称：鄂托克前旗羊肉

“鄂托克前旗羊肉”是内蒙古鄂尔多斯市鄂托克前旗的特色优势牲畜产品，2019年6月获得国家知识产权局商标局核准注册的地理标志证明商标，2021年入选国家地理标志运用促进重点联系指导目录，在当地精准扶贫、品牌富农方面发挥了重要作用。

二、品牌口号：羊尝百草，肉自然好

“鄂托克前旗羊肉”产自鄂托克前旗草原，这里地处鄂尔多斯高原，拥有纯净、原生态的自然环境。强烈的昼夜温差强化了牧草营养物质的积累，丰富的中药材牧草资源为羊群提供了绝佳的天然饲草。

好的牧草，才有好的羊肉。消费者对这一关系的认知根深蒂固。结合“鄂托克前旗羊肉”产自高原牧场的环境优势和产品优势，确立其品牌口号为“羊尝百草，肉自然好”。百草是一个约数，化用了神农尝百草的典故，在草多草好与产品品质之间架起说服的逻辑桥梁，让消费者自己说服自己。这一口号通俗直白，朗朗上口，易于传播。

三、品牌符号：品牌LOGO

“鄂托克前旗羊肉”品牌LOGO

“鄂托克前旗羊肉”品牌LOGO展现了英姿勃发、充满精气神的鄂托克前旗羊的形象。羊在阳光下的倒影恰好是鄂托克前旗行政区划轮廓，突出品牌的区域背书功能与价值。以马兰花叶片形状组成的轮廓图，既象征着无垠草场，又与经幡、蒙古包等蒙元文化元素相呼应，极富鄂托克前旗地域特色。品牌LOGO塑造了鄂托克前旗羊奔跑于草原、健壮、自由的形象，与圈养的羊形成完全不同的消费心像。

四、品牌符号：品牌辅助图形

品牌辅助图形提取敖包上飘动的五颜六色的经幡以及蒙古族哈达的色彩，以浓墨重彩的油画风格呈现了鄂托克前旗羊生活的世界。配色主要以蒙古敖包的色彩印象为依据，以蒙古族喜爱的蓝色为主色，彰显民族风格。

辅助图形设计风格硬朗，极具现代感，融入品牌LOGO中鄂托克前旗羊的形象，让其傲立于鄂尔多斯高原之上，展现了鄂托克前旗羊英姿勃发、气势非凡的风貌，寓意这只羊将从这里走向更广阔的国内外市场。

“鄂托克前旗羊肉”品牌辅助图形

奉节脐橙

一、品牌名称：奉节脐橙

“奉节脐橙”是重庆市奉节县特色优势农产品，2006年获得国家工商总局商标局核准注册的地理标志证明商标，2009年获得国家质检总局批准的地理标志产品保护，保护范围为奉节县草堂镇、白帝镇等20个乡镇的现辖行政区域，2020年获得农业农村部批准的农产品地理标志登记保护，是区域名称加单产业的区域公用品牌。

二、品牌口号：自然天成，奉节脐橙

得天独厚的生态环境条件使奉节成为世界柑橘最适生长区之一。早在2000多年前的汉代，奉节就有种植柑橘的记载。唐代，诗人杜甫曾在此经营果园，并写下了数首歌咏夔州柑橘的诗句。20世纪50年代，奉节引进华盛顿脐橙原株，培育出数个拥有自主知识产权的优秀品种，开启了“奉节脐橙”享誉世界的篇章。

在现代工业介入农业生产后，以经济效益为导向的经营理念渗透到农业中去，农业发展经历了快速扩张和野蛮生长的时代。添加剂滥用事件频发、产业规模增长没有止境、提前采收成为惯例，消费者历经了众多农业产业怪象，对于农产品消费的信任度不乐观。当下消费者中广泛存在追求自然、崇尚自然的消费心理，传统东方农耕作为一种“资源节约、环境友好、精耕细作”的永续型农业，正成为全球农业的回归方向，而奉节脐橙的生产生长过程正是依循了自然的传统农耕方法。从育种到种植再到管理，“奉节脐橙”一直遵循自然、适应自然、生长自然、融合自然，是真正来自自然的天然好橙。

因此，确立“奉节脐橙”品牌口号为“自然天成，奉节脐橙”，以延续和继承“奉节脐橙”积累的品牌资产，顺应消费需求，遵循农业发展趋势，回归传统，返璞归真，将“奉节脐橙”最本质的特点展现给消费者。

三、品牌符号：品牌LOGO

“奉节脐橙”LOGO提取了夔门和脐橙两个主要元素，以对联和版画的形式进行图形演绎，将“奉节脐橙”比拟为三峡之巅具有勃勃生机的朝阳，展现“奉节脐橙”产业对区域的普惠性、重要性和发展前景。夔门将“奉节脐橙”的产地特征呈现出来，有利于消费者对区域环境的想象。

本案品牌LOGO样式有别于市面上常见的农业品牌符号，别出心裁地采用一幅完整的版画作为品牌主形象，在品牌竞争中较为抢眼，在后期的延展使用上既可以作为LOGO，也可以放大作为辅助图形。

“奉节脐橙”品牌LOGO

四、品牌符号：品牌辅助图形

“奉节脐橙”品牌辅助图形延续了品牌LOGO的风格与调性，以四个系列作品的形式出现，对应“奉节脐橙”在环境、产业、文化、农人等方面的突出优势。

天橙：坐拥三峡江景的橙——产地处三峡库区腹心，八十里*长江横贯全县，极少工业，保有纯净乐土。

鲜橙：天然枝头保鲜的橙——悉心科学选育，适宜在地生态，枝头天然保鲜，现摘现卖。

诗橙：听着诗书长大的橙——历朝行政治所，烟火繁荣，诗书鼎盛，悠久历史文脉成就精神养料。

真橙：农人真心呵护的橙——保留传统山耕方法，巧妙布局果树分布，遵循时令规律，回归淳朴自然。

系列辅助图形的应用能更全面地将品牌优势呈现出来，与消费者多层次对话，丰富应用场景。

“奉节脐橙”品牌辅助图形

* 里为非法定计量单位，1里=500米。——编者注

府谷海红果

一、品牌名称：府谷海红果

“府谷海红果”是陕西省榆林市府谷县的优势特色农产品，2008年9月获得国家质检总局批准的地理标志产品保护，保护范围为府谷县所辖行政区域，2011年获得国家工商总局商标局核准注册的地理标志证明商标，是区域名称加单产业的区域公用品牌。

二、品牌口号：黄土高坡，稀罕好果；府谷海红果，新钙念水果

府谷县地处陕北地区，为黄土高坡北坡核心地带。“黄土高坡”是中华文化的重要文化原型，同时也是府谷优质黄河水源、高日照时数、高温差等产区优势的超级符号表达。“黄土高坡”有着广泛的中华文化认同感和集体意识，具有亲切、温暖、指向明确的区域特征。

海红果属于小众水果，消费者了解度和认知度不高，属于本地区域市场常见、全国市场少见的水果品类。综合考虑“府谷海红果”的地域独特性、市场独特性、产品独特性，结合府谷的区域文化和俗语

表达特色，确立其品牌口号为“黄土高坡，稀罕好果”。“稀罕”二字为陕北地区称赞某人某物时的常用语，表达了“府谷海红果”在市场上的罕见稀有属性，又凸显了地域文化特色。

为进一步增强品牌与消费者的沟通力度，拓宽“府谷海红果”好果特性的展示维度，将消费者的陌生感、新鲜感转化为价值感和消费理由，本案还增添了辅助传播口号，合力协同传达品牌价值。

在当前“注意力经济”市场环境下，由于信息的庞杂与信息接收方式的多元化，品牌必须以具有穿透力、吸引力的精准概念抓住消费者眼球，直击心灵。“府谷海红果”产品属性中具有高钙营养的核心竞争优势，在其他营养元素较高的情况下，钙含量居各种水果前列，享有“果中钙王”之誉。

因此，确立品牌传播辅助口号为“府谷海红果，新钙念水果”。该口号在创造吸引眼球的品牌概念的同时，聚焦表达“府谷海红果”的高钙特色，通过创造“新钙念水果”这一全新品类，在拥挤的水果市场中开辟具有独占性的市场空间。

通过主副品牌口号，“府谷海红果”的高钙好果属性和地域文化特色得到了全方位有效传达，建立起了品牌与消费者之间的多维度链接。

三、品牌符号：品牌LOGO

“府谷海红果”品牌LOGO以文字标的形式呈现，“海”字融入府谷特色的山地造型，表现海红果的原生野性；“红”字笔画中化用了黄河河道的九曲回肠，表现其滋养水源；“果”字是一个树的造型，结满了累累硕果。

“府谷海红果”品牌LOGO

府谷以印章形式置于左边，是品牌地域属性的来源。

四、品牌符号：品牌辅助图形

“府谷海红果”品牌辅助图形从悠久的陕北历史文化中提取创意元素，将明长城、黄河、窑洞、扁担、头巾等府谷地区特色文化符号，融合“府谷海红果”产品进行创意设计，呈现出浓浓的陕北韵味和乡土画风。“府谷海红果”品牌辅助图形描绘了一幅府谷农人采摘海红果的日常生活场景，丰富了消费者对府谷海红果的想象空间，增强了品牌识别度与记忆度。

“府谷海红果”品牌辅助图形

一、品牌名称：公主岭玉米

“公主岭玉米”是吉林省公主岭市的大宗商品粮，是我国重要的鲜食玉米品牌，2013年获得国家工商总局商标局核准注册的地理标志证明商标，是区域名称加单产业的区域公用品牌。公主岭市是我国首批确定的商品粮基地之一，是“中国玉米之乡”，因“公主故里”典故而得名，率先在全国开启了玉米这个大宗主粮的品牌化历程。

二、品牌口号：玉米公主，掌上明珠

公主岭市的城市名称具有鲜明特色，记忆点突出。固伦公主、响铃公主奠定了这个区域的历史文化，生长于此的“公主岭玉米”成就了这个区域的富民产业。她们对这个区域来说都至关重要，都价值连城，都珍贵、尊贵。在这个意义上，玉米也是公主岭市的另一位“公主”。

在历史故事和民间传说中，固伦公主、响铃公主分别是乾隆皇帝、蒙古王的掌上明珠。“公主岭玉米”又何尝不是当地政府和农企农户的掌上明珠？从更广阔的市场来看，它想实现的愿景是成为鲜食玉米消费者的掌上明珠，成为中国玉米产业的掌上明珠。

由此，确立“公主岭玉米”品牌口号为“玉米公主，掌上明珠”。品牌口号朗朗上口，便于记忆，与品牌名称形成互文关系，彰显区域特征，借助公主岭城市名称的独特性，吸引消费者关注，占领消费认知；品牌口号还将品牌拟人化，使产业与文化紧密结合，突出品牌人格化特质，区别于竞争对手，增加消费者记忆点，有利于后续传播中与消费者进行互动沟通；品牌口号还表明，玉米在种植生产过程中如公主般备受呵护，在消费过程中粒粒饱满、颗颗好滋味，如明珠般立于消费者掌心。

三、品牌符号：品牌LOGO

“公主岭玉米”品牌LOGO将公主文化进行到底，以“玉米公主”为创意原点，将品牌人格具象化，描绘出美丽、温婉、优雅的公主形象。在配色上，采用了色泽明亮的玉米绿叶与金黄果实的颜色。“玉米公主”整体装扮为满族服饰与发饰，贴合历史文化底蕴，旗头中央花纹为玉米横切面的纹样，旗头穗创造性地运用了一穗带有苞叶的玉米。“玉米公主”气质高雅，落落大方，生动形象地展示出“公主岭玉米”品牌的核心价值“贵”——尊贵、珍贵、专贵、娇贵。

“公主岭玉米”品牌LOGO

四、品牌符号：品牌辅助图形

品牌辅助图形将“玉米公主”形象进行漫画处理，融入消费场景，呈现其活泼可爱俏皮的一面，设计出与之相对应的Q版小公主，作为品牌吉祥物以吸引年轻消费群体。辅助图形将Q版小公主置于硕大的玉米之上，营造出鲜食消费的画面感。玉米苞叶上是公主岭的田园风光，在突出玉米的饱满和色彩的同时，别具一格地展现了当地的生产环境，具有鲜明的品牌个性。

“公主岭玉米”品牌辅助图形

古辣香米

一、品牌名称：古辣香米

“古辣香米”是广西壮族自治区南宁县宾阳市的特色优势农产品，2017年获得国家质检总局批准的地理标志产品保护，保护范围为宾阳市现辖行政区域，因最早产自宾阳市古辣镇而得名，是区域名称加单产业的区域公用品牌。

二、品牌口号：古辣香米，米香知故乡

“古辣香米”在品牌重塑前，本地没有形成统一的品牌，存在大量原米外流现象，导致市场认知度不高，呈现出消费者“知米香不知古辣香”的市场现象。为将产品与产地有效链接，让“古辣香米”的发源地价值呈现出来，对接消费者儿时味道，放大产地作为香米故乡的优势，本案确立品牌口号为“古辣香米，米香知故乡”。

品牌口号传达了古辣镇曾在明清作为贡米之乡的产地优势和产品优势，承载了每一个消费者对故乡、对儿时味道的乡愁记忆，拥有美好的联想空间，能够引起消费者共鸣。

"米香知故乡"中的故乡情怀能够引导当地农户、农企产生归属感和自豪感，凝神聚力打造品牌，减少原米外流；同时唤起本地消费者的家乡情结，提升品牌在宾阳和广西的好感度、美誉度。

三、品牌符号：品牌LOGO

宾阳炮龙文化是国家级非物质文化遗产，也是宾阳当地最具特色的文化名片，具有喜庆、吉祥的文化内涵，民族性、地域性特征突出。

"古辣香米"品牌LOGO以宾阳最具代表性的炮龙文化作为创意基础，融入产品稻米元素，巧妙组合，勾勒出品牌名称"古辣"字形，同时刻画出一个昂首向上的炮龙龙头，在充分展现宾阳县区域文化的同时，凸显"古辣香米"品牌的独特性与识别度。

"古辣香米"品牌LOGO

品牌LOGO将宾阳壮锦的绚丽和宾阳炮龙的多彩作为色彩提取源泉，传递宾阳独有的区域文化。绿色代表自然生态，黄色代表稻田丰收，红蓝则代表喜悦心情与经典品质。"古辣香米"品牌主形象设计有强烈的民族风格，极具独特性，能够彰显"古辣香米"品牌的民族风情与产地特色。

四、品牌符号：品牌辅助图形

"古辣香米"品牌辅助图形刻画了一只栩栩如生、斑斓多彩的飞天炮龙，延续品牌主形象的调性和风格。构成炮龙的基本元素是宾阳的稻田文化、自然生态、人文景观和历史建筑，有明显的区域关联性和指向性。辅助图形局部还体现了宾阳人民舞炮龙的生活场景和耕种稻田的生产场景。辅助图形炮龙的头部、四肢和尾部均以稻穗来点缀，它们是产品属性的代表元素。辅助图形整体和谐，有机统一。

“古辣香米”品牌辅助图形

固城湖螃蟹

一、品牌名称：固城湖螃蟹

“固城湖螃蟹”又称“固城湖大闸蟹”或“高淳螃蟹”，是江苏省南京市高淳区的特色优势农产品，2007年获得国家质检总局批准的地理标志产品保护，保护范围为高淳区固城湖和固城镇、砖墙镇等八个镇的现辖行政区域，2009年获得国家工商总局认定的中国驰名商标，成为中国第一个甲壳类动物产品驰名商标，是区域名称加单产业的区域公用品牌。

二、品牌口号：淳真品质，固然好蟹

在全球的300多种螃蟹中，可供食用的有20多种，最负盛名的要数我国的中华绒螯蟹。高淳区出产的固城湖大闸蟹是正宗的长江系中华绒螯蟹。

1986年，高淳开始人工养殖螃蟹，历经30多年的发展，“固城湖螃蟹”已经成为螃蟹产业的典范：独特的“高淳模式”的生态养殖方式和第一个国家级长江系中华绒螯蟹原种场，成就其技术典范；获得全国第一个有机螃蟹认证，树立其有机典范；制定第一个国家河蟹生态养殖技术标准并成为第一个国家级中华绒螯蟹标准养殖示范区，打造其标准典范；荣获第一个甲壳类中国驰名商标，奠定其品牌典范。

典范的背后，是高淳蟹农对品质和信用的坚守。在“洗澡蟹”“冒牌蟹”新闻不断涌现的季节里，“固城湖螃蟹”坚守品质和适度规模养殖，保证每一只“固城湖螃蟹”雌蟹重达3两*以上、雄蟹重达4两以上，且均来自固城湖或与其相通的高淳地区水域。

高淳区的纯净水源、纯生环境、淳正好蟹、淳朴蟹农造就了“固城湖螃蟹”真产地真好蟹，因此，本案确立其品牌口号为“淳真品质，固然好蟹”，以匹配其产品特质，呼应高淳区和固城湖区域名称。“固然”一词表示事物本来就如此，确实是人们所想象的样子，表明“固城湖螃蟹”一直都是好蟹。“固然”也表达了“固城湖螃蟹”强烈的品牌自信。

三、品牌符号：品牌LOGO

“固城湖螃蟹”品牌LOGO将“固”字与螃蟹的形状进行融合，创制出独属于“固城湖螃蟹”的“固字蟹”。图形下方是螃蟹生长的山水环境以及四方宝塔这一高淳区地标元素。品牌主形象的外围是品牌定位与象征水草的徽章纹样。在配色上，选取代表纯净河鲜的蓝色和代表熟透螃蟹的红色，形成突出产品焦点的视觉效果。

“固城湖螃蟹”品牌LOGO

* 两为非法定计量单位，1两=50克。——编者注

四、品牌符号：品牌辅助图形

“固城湖螃蟹”品牌辅助图形创意来源于真实的捕蟹场景，将高淳区地标四方宝塔、蟹农泛舟捞蟹等元素进行结合，采用简洁线条和大片留白，富有想象空间，沿用品牌主形象的深蓝色，营造了一幅螃蟹丰收的繁忙图景。

“固城湖螃蟹”品牌辅助图形

陕北横山羊肉

一、品牌名称：陕北横山羊肉

“陕北横山羊肉”2017年12月获得国家工商总局商标局核准注册的地理标志证明商标，商标申请人是榆林市横山区土特产产业协会。2010年9月，“横山羊肉”获得国家质检总局批准的地理标志产品保护，保护范围为陕西省榆林市横山区的横山镇、高镇镇等19个乡镇、农场现辖行政区域。“陕北横山羊肉”来自横山白绒山羊，得益于陕北黄土高原特有的地域环境和多样的香草植物，其肉质细嫩、肥瘦相间、低脂无膻、香味浓郁。“陕北横山羊肉”是区域名称加单品类的农产品区域公用品牌，是对横山区羊肉特产的一次颠覆性升维重塑。

二、品牌口号：一家炖羊，横山香；吃着香草长大的横山羊

在品牌营销的相关理论中，五感营销理论被广泛应用。它是指，通过人类的五大基本感官（即视觉、听觉、味觉、嗅觉、触觉），逐一构建对应的品牌营销传播路径。对于食品行业而言，五感中最重要的

为视觉、味觉、嗅觉，即消费者判断食物的常用标准——色、香、味。在这三者之中，消费者最先感知到的是嗅觉，即“香”。当消费者未能看到、尝到食物时，会被其香气率先吸引。

梳理“陕北横山羊肉”的品牌价值基础，其历史、环境、饲料、羊种、口碑等方面均可支撑起“香”，正是历史声誉、纯净环境、百种香草饲料、独特羊种，造就了横山羊肉的浓郁香气，形成消费口碑。

因此，“陕北横山羊肉”将核心价值聚焦于“香”。为便于消费者直观感受并产生联想，需要进一步将这种抽象的“香”具象成可感知的画面。

基于此，结合横山羊肉的特色烹饪方法、横山地区独特的地理环境等，最终提炼横山羊肉的品牌口号为“一家炖羊，横山香”。“横”在这里首先作动词用，表现出传统窑洞内炖烧的横山羊肉，出锅后香气瞬间弥漫整座山村的生动画面；“横山”亦是横山区名，传达出横山羊肉“香”的品质特征，使消费者充满期待。

为进一步说明横山羊肉“香”的来源，增强说服效果。本案使用品牌副口号“吃着香草长大的横山羊”来说明肉香的原因，强调横山白绒羊的生长环境中有上百种天然香草和药草可以作为饲料，借此将横山羊肉与内蒙古羊肉、新疆羊肉相区别，进一步强化消费者认知，形成差异化的品牌形象。

三、品牌符号：品牌LOGO

“陕北横山羊肉”品牌LOGO基于品牌核心价值展开创意，提取灵动横山白绒山羊的典型特征，将“百草概念”融入品牌符号设计，进行创意组合，构成一只独属于横山的“香草羊”，完美阐释品牌核心价值。

“香草羊”的整体造型借鉴陕北剪纸艺术，带有浓郁的区域风情，有利于消费者记忆与品牌传播。在字体设计上，本案对笔画进行了艺术处理，融入羊角造型元素和山地特征，进一步差异化品牌识别。

“横山羊肉”品牌LOGO

四、品牌符号：品牌辅助图形

“陕北横山羊肉”的品牌辅助图形与品牌主形象采用同样的设计风格：陕北剪纸风格。整个画面描绘了横山百姓在传统窑洞大锅炖羊时香气袅袅升起的画面，将漫山遍野香气四溢的场景表现得淋漓尽致。中景和远景融入当地红色革命遗址、典型民居、起伏群山和羊群等元素，勾勒出安静祥和的生活场景。

辅助图形的上方是品牌口号，本案对字体进行了古朴化处理，增加动态化线条，以匹配陕北大锅炖羊肉的粗犷饮食习惯，增强香气四溢的流动感。

“陕北横山羊肉”品牌辅助图形

户县葡萄

一、品牌名称：户县葡萄

“户县葡萄”是陕西省西安市鄠邑区（2016年底户县撤县设区更名）优势特色农产品，2017年获得国家工商总局商标局核准注册的地理标志证明商标，2018年获得农业农村部农产品地理标志登记，是区域名称加单产业的农产品区域公用品牌。

二、品牌口号：户县葡萄，粒粒香甜醉秦岭

农产品区域公用品牌的区域特征决定其既需要借用区域名称作背书，也需要承载传递区域形象的功能。消费者调查发现，“户县”作为一个区域名称，在全国范围内并不为消费者所熟知，故需借助一个具有广泛认知的概念，带动“户县葡萄”的品牌传播。

户县所处的秦岭山脉是中国南北气候的分界线，在我国地理区划中具有十分重要的地位，为众多消费者熟知。因此，本案借助“秦岭”作为“户县葡萄”品牌营销传播的背书，并突出秦岭与产品品质之间的相关关系，强化品牌联想。

基于此，确立“户县葡萄”品牌口号为“户县葡萄，粒粒香甜醉秦岭”。此品牌口号表达四层内涵：其一，彰显区域特征，借助广为人知的秦岭占领消费者心智，让消费者知晓户县的地理位置；其二，表现产品特点，体现“户县葡萄”含甜度高、果香浓的突出特质；其三，加强消费联想，“醉”即陶醉，谐音“最”，体现“户县葡萄”在秦岭产区的优势地位；其四，便于品牌传播，通过叠音的运用，使口号朗朗上口易记忆。

三、品牌符号：品牌LOGO

“户县葡萄”品牌LOGO以“户县”的“户”字为创意原点进行演绎：通过三笔简单勾勒，描绘出三颗葡萄的形状，构成写意式“户”字，将二者巧妙结合，形成独一无二的品牌识别符号，向消费者传递“户县葡萄”的来源地。

“户县葡萄”品牌LOGO

为强化户县作为“中国农民画之乡”的文化底蕴和农民艺术家的匠心技艺，“户县葡萄”使用了农民画常用的、又能代表主栽品种户太8号的饱满深紫色，并将品牌定位为“农作艺术品”，突出强调“户县葡萄”的差异化特征。在品牌名称字体设计上，本案进行了细节处理，将部分笔画用葡萄圆点替代，使葡萄产业的特征更加明显。

四、品牌符号：品牌辅助图形

“户县葡萄”的品牌辅助图形采取当地农民画的表达方式，色彩饱满大胆，画笔直白古朴，画风充满生活气息，描绘出一幅葡萄硕果累累、农作繁忙的丰收场景。

整个画面色彩艳丽，远山与近处葡萄色彩一致，以夸张的手法表现丰收季节漫山遍野的葡萄色，以及近处采摘的农人收获累累硕果的喜悦。红瓦绿树小庭院，乡村美好生活、共同富裕的气息扑面而来。

“户县葡萄”品牌辅助图形

吉林长白山黑木耳

一、品牌名称：吉林长白山黑木耳

“吉林长白山黑木耳”是吉林省长白山特色优势农产品，2018年9月获得农业农村部批准的农产品地理标志登记保护，保护范围涉及白山市、通化市等5市州的25个县（市、区）的97个乡镇，是区域名称加单产业的区域公用品牌。

二、品牌口号：吉地林泉，白山黑耳

与“长白山人参”不同，“吉林长白山黑木耳”并没有在发展中形成广为人知的品牌声誉，因此它亟须向消费者展现自身优势，放大差异化特征，增强品牌识别度，加深消费者印象。

调研发现，“吉林长白山黑木耳”在自然气候、地缘文化、自然资源、品质保障与农人精神五个方面具有明显优势，分别是吉地天时：祥瑞吉地，天时宜允；吉地圣山：千年文脉，圣山环拥；吉地茂林：风轻气爽，茂林荫护；吉地净泉：水清质纯，净泉润养；吉地匠心：精益求精，匠心培育。

吉林简称“吉”，“吉”字在汉语中有美好、吉利、幸福等含义，是广为接受的美好祝福。“吉地”也是“吉林长白山黑木耳”的生产地，有两个最显著因素影响着黑木耳品质，即空气和水源质量，这恰恰是“吉林长白山黑木耳”的优势所在。因为长白山的森林覆盖率和丰富洁净的水系是这些优势的坚强保障。

综上，本案确立“吉林长白山黑木耳”品牌口号为“吉地林泉，白山黑耳”。这一品牌口号将区域名称镶嵌其中，通过林泉表明黑木耳品质的来源，借白山黑耳形成的视觉和认知张力增加记忆点。

三、品牌符号：品牌LOGO

“吉林长白山黑木耳”品牌LOGO本身就是一朵长于木枝之上的木耳，直观、形象又传神。黑木耳因其生长于腐木之上、形似人耳而得名。另一方面，木耳又称木蛾，因其形状“似蛾蝶玉立”，因此，品牌LOGO也从蝴蝶栖息枝头中汲取了灵感，对黑木耳进行了艺术化的处理，使之更美观、更灵动。

“吉林长白山黑木耳”品牌LOGO

品牌LOGO文字部分缩小了吉林，放大了长白山，利用消费者对长白山的熟悉感，加强对生态环境的美好联想。在配色上，选取黑木耳的产品本色黑色与象征品质高端的金色作为应用颜色，提升品牌形象的质感。

借助品牌主形象设计，让原本不那么美观，甚至有些丑丑的黑木耳，忽然有了审美价值，有利于提升品牌的溢价能力。

四、品牌符号：品牌辅助图形

“吉林长白山黑木耳”品牌辅助图形整体形状来源于种植黑木耳使用的菌棒形象，在设计中增加了祥云、天池、泉水、森林和黑木耳的元素，形成了一个生态良好的长白山绿水青山图。图形顶端的长白山天池定位品牌产区的地理位置；溪流泉水顺势而下，表明产区的黑木耳是长白山的泉水所滋养；山间森林密布，展示出产地森林覆盖率高、空气质量好、沙尘少的特点；祥云点缀其中，表达吉地吉祥如意的美好意境。

“吉林长白山黑木耳”品牌辅助图形

井研柑橘

一、品牌名称：井研柑橘

“井研柑橘”是四川省乐山市井研县的特色优势农产品，2020年4月获得农业农村部批准的农产品地理标志登记保护，保护范围为井研县千佛镇、研城镇等27个乡镇199个村，是区域名称加单产业的区域公用品牌。

二、品牌口号：千丘藏一果，一果尝千秋

从地理资源上看，井研属中浅丘地貌，是典型的丘区农业县，独特的气候、土壤、水源，成就了水润多汁、酸甜可口的柑橘。慕名而来的食客，要深入连绵不绝、起伏不断的山丘，才能找到珍藏在其中的果实。这一颗果实之中，融入了万千山丘的自然精华。

从历史传承上看，早在2000多年前，井研人民就开始种植柑橘，产自千座山丘之上的柑橘品质出众，“大如升、色苍黄”。到了现代，井研人顺应消费需求多样化的发展，提升柑橘种植技术，引进春见、清见、爱媛38号、沃柑等优质杂交柑橘新品种，这片土地之上的柑橘，

如千年前一样，带给品尝者享受的口感、愉悦的心情。

从人文内涵上看，井研历史悠久，人文荟萃。井研县素有“盐利冒于西蜀，人物媲于上州”的美誉，历史文化名人众多。据《县志》记载，有状元1人、宰相4人、进士87人。一方水土养一方人，井研橘农世代耕耘于此，深受地域文化熏陶，将躬耕橘园的勤恳质朴与代代相传的匠心精神，融入这一颗颗果实。透过这一颗颗柑橘果，我们可以品得千年农人匠心的传承。

综上，确定“井研柑橘”品牌口号为“千丘藏一果，一果尝千秋”。

三、品牌符号：品牌LOGO

“井研柑橘”品牌LOGO以“井”字为创意出发点，用深浅不同的橙黄色橘瓣展现“井研柑橘”品种的多样特色，将地域、产品、艺术3种元素有机结合，构成一个柑橘的造型，表明品牌的产业属性和区域归属。

井研柑橘
JINGYAN CITRUS
“井研柑橘”品牌LOGO

井研县名中，“井”字代表先民在此凿井煮盐，诞生了手工制盐活化石——卓筒井，从此这方古朴之地成为繁华的盐马古道。“研”字则是在此基础上，指明井研所产盐是精美洁净的。因此，品牌名称的字体设计融入了卓筒井地下运输通道的结构形态。

四、品牌符号：品牌辅助图形

“井研柑橘”的品牌辅助图形紧紧抓住“千丘”和“一果”的核心概念，通过对柑橘生产环境的创意设计，将柑橘、农人的收获场景与山丘地貌相结合，呈现出“千丘藏一果，一果尝千秋”的价值内涵。画面中的柑橘果汁迸发，充满活力和快乐，有很强的感染力和传播力。

“井研柑橘”品牌辅助图形

景东核桃

一、品牌名称：景东核桃

“景东核桃”是云南省普洱市景东彝族自治县的优势特色农产品，也是当地主要的经济作物，2014年获得国家工商总局商标局核准注册的地理标志证明商标，是区域名称加单产业的区域公用品牌。

二、品牌口号：景东核桃，无量之子

景东县核桃产业历史悠久，资源丰富，营养价值高，干果总氨基酸含量高。长期以来，“景东核桃”多以原材料的形式销售，自身品牌化程度不足，缺乏持续性的品牌价值传播，市场声音弱，影响力小。

“景东核桃”最突出、最独特的优势，是无量山和哀牢山的世界级绿色生态环境，其独有的光照、水源、土质、物种等条件，成就了“景东核桃”的独特品质。

消费者调查发现，“景东”作为区域名称，在全国的知名度较低，需借助一个具有广泛认知的概念，带动“景东核桃”品牌的市场传播。景东县内的无量山，因著名武侠小说《天龙八部》中段誉“凌波微步”

的习武故事驰名中外。

因此，本案将无量山作为“景东核桃”品牌借力传播的区域背书，以便承接景东的城市品牌口号“大美之土，无量景东”，实现城市品牌与产业品牌诉求的协调性、系统性，降低品牌沟通成本。

综上，本案确立“景东核桃”品牌口号为“景东核桃，无量之子”。“无量之子”传达的是，“景东核桃”是无量山优良生态环境中出产的优质果子，是无量山山民辛勤养育的“孩子”，是景东县前途无量的产业之子。同时，它也是广受消费者喜爱的好牌子，能带给消费者无量之能量、营养和智慧，去坚定消费者认为核桃可以补脑、补营养、补身体的消费信念。“无量之子”凝聚了无量山赋予的生态性、故事性、功能性、情感性，充分展现了“景东核桃”品牌的差异化内涵。

三、品牌符号：品牌LOGO

“景东核桃”品牌LOGO以核桃干果轮廓以及代表最好的核桃仁品质的“蝴蝶仁”为创意原点进行演绎，将当地500多年的核桃王古树繁茂向上的枝干以及彝族服饰纹样融入其中，形成一个似人类大脑构造的品牌主形象。核桃补脑的认知心理就来自传统上认为的“以形补形”的理念。

另外，品牌名称的字体设计也加入了一点民族纹样元素，对笔画进行微调，使之带有灵动的民族风情。配色上，采用了核桃仁的淡金色、成熟核桃干果的深棕色，进一步呈现产品特色。

“景东核桃”品牌LOGO

四、品牌符号：品牌辅助图形

“景东核桃”的品牌辅助图形以彩绘的方式呈现，描绘了在“高耸入云不可跻”的无量山中，五百年核桃高祖枝繁叶茂、山民用竹竿敲打核桃、“三弦一响脚就痒”的欢喜、丰收景象，勾勒出一幅和谐、欢愉、充满浓郁生活气息的无量世相图。

品牌辅助图形色彩艳丽，丰富饱满的色彩传达出欢喜的律动，让人有翩翩起舞之感。画面人物的服饰设计和色彩都运用了彝族的民族元素和惯用色彩，具有很强的地域指向性，带有浓郁的地域风情。

“景东核桃”品牌辅助图形

江华苦茶

一、品牌名称：江华苦茶

“江华苦茶”是湖南省永州市江华瑶族自治县的特色优势农产品，2013年获得农业部批准的农产品地理标志登记保护，保护范围为江华县的河路口镇、大石桥乡等18个镇、乡、场，2016年获得国家工商总局商标局核准注册的地理标志证明商标，是区域名称加单产业的区域公用品牌。

二、品牌口号：江华苦茶，瑶山好茶；不必复杂，喝杯苦茶

江华瑶族自治县地处湖南省正南端，北纬25°穿境而过，是红茶茶树品种的适生区。“江华苦茶”是湖南四大特色地方茶树群体之一，古老且珍贵。数千年前，热爱饮茶的瑶族先民迁徙至此，采山中野茶，以古法炒制，世代相传，久而久之形成了特色鲜明、远近闻名的“江华苦茶”。

“江华苦茶”名称的由来与瑶族文化密不可分。江华瑶族热情好

客，当远方贵客到来时，主人会敬上一碗茶。客人笑问：“这是什么茶？”瑶家人答：“好茶。”因瑶语“好”与汉语“苦”谐音，便有了“江华苦茶”的说法，所以，“江华苦茶”即为瑶山好茶。

对于“苦茶”这样一个称谓，不了解历史文化渊源的消费者可能会心生敬畏，敬而远之。因此，“江华苦茶”需要为自己正名，正本清源，回归初心。从这一立场出发，链接消费者“名山出好茶”的消费认知，本案确立品牌口号为“江华苦茶，瑶山好茶”。

为进一步强化品牌的文化内涵，彰显瑶族文化的生活哲学，对接都市消费人群的需求，本案还确立品牌传播副口号为“不必复杂，喝杯苦茶”。在瑶族的生活处世哲学里，尊崇与自然和谐相处、与人友善、单纯质朴。饮茶也不例外。“不复杂”是瑶家人日常生活的写照，也是现代都市群体的渴望，更是“江华苦茶”的价值理念。江华苦茶应成为向往简单生活的都市消费者的解忧草。

“不必复杂，喝杯苦茶”让消费者重新思考人与自然、人与社会、人与人之间的关系，重新思考人在宇宙天地间的位置，重塑人与茶的关系。

三、品牌符号：品牌LOGO

“江华苦茶”品牌LOGO以瑶族服饰上的“八角纹”为创意元素，以刺绣的样式形成一个“茶”字。在瑶族文化中，八角纹象征着太阳，是瑶族古老的图腾崇拜的产物，寓意美好祝愿。

在设计细节上，品牌LOGO提取了瑶族织锦元素，用几何图形的方式绘就三条不同的织锦，每一条纹路均有细微变化，体现瑶族文化的多样与璀璨。

“江华苦茶”品牌LOGO

在色彩搭配上，以瑶族服饰常用的红底黄白线为配色基础，民族感强烈，体现区域特色，视觉冲击力强。

四、品牌符号：品牌辅助图形

品牌辅助图形采用版画的形式，描绘出瑶族姑娘爬到一人多高的野茶树上采茶的情景。“江华苦茶”早期采茶环境艰苦，要爬到很高的野生大茶树上采摘，聪明的瑶家人驯化了猴子帮助采茶。辅助图形中的猴子就是这一历史故事的真实反映。另外，它也反映了“江华苦茶”生长的原生态环境。

辅助图形中瑶族姑娘、茶树、猴子三种元素和谐统一，传达出人与自然和谐相处的生态理念，有利于消费者建立产地与产品之间的美好联想。辅助图形整体色调朴素无华，线条简约，色彩单一，是原生态、“不复杂”价值理念的物质载体。

“江华苦茶”品牌辅助图形

蓝田白皮松

一、品牌名称：蓝田白皮松

“蓝田白皮松”2015年获得国家质检总局批准的地理标志产品保护，保护范围为陕西省西安市蓝田县现辖行政区域。白皮松枝干灰绿色，用处广泛、生长快速、抗旱性强，是我国南北方重要的园林绿化植物。蓝田县白皮松天然林规模3万多亩*，人工育苗种植面积10多万亩，是蓝田县重要的支柱型农业产业。

二、品牌口号：自古常青树，蓝田白皮松

白皮松栽培历史悠久，保留至今的有1300多年的历史。自隋唐开始，就有文人在诗词中吟咏白皮松之姿，借其“松骨苍”、树皮斑驳、树形葱郁等特征寄予人生理想。其因亘古长青和对北方寒冷干旱气候的适应性，成为古代北方皇家园林重要的绿化植物。

一直以来，“蓝田白皮松”就承载了我国人民对青春永驻、基业长青的美好愿望和清雅的审美理想。为彰显其悠久的历史文脉、对接消

* 亩为非法定计量单位，1亩=1/15公顷。——编者注

费者集体意识、降低认知和传播成本、突出产品显著特征，本案确立品牌口号为“自古常青树，蓝田白皮松”。

三、品牌符号：品牌LOGO

“蓝田白皮松”LOGO外形似一颗松果，寓意蓝田白皮松将充满“绿色希望”的种子播撒人间，助力各地生态文明建设和环境美化。同时，一瓣瓣儿松果内部结构通过负形线条勾勒出树的形状，象征着层层叠叠、一片连着一片的白皮松林在山坡丘陵间弥漫。这个被称为“白袍将军”的绿色卫士，竖起一道道绿色屏障，守护着祖国的生态文明建设。

品牌LOGO 图形从下至上，是嫩绿、绿色和蓝色，意味着蓝田从地面到天空的全域之美，满目望去，皆为绿水、青山、蓝天。在细节上，LOGO的负形线条表现出白皮松的白皮特征；品牌名称的字体笔画采用了“松针式”处理，以凸显产品的属性特征和品类特征。

“蓝田白皮松”品牌LOGO

四、品牌符号：品牌辅助图形

无。

梁平柚

一、品牌名称：梁平柚

“梁平柚”是重庆市梁平区的特色优势农产品，有“天然水果罐头”之称，2008年获得农业部批准的农产品地理标志登记保护，保护范围为梁平区所辖33个乡镇，是区域名称加单产业的区域公用品牌。

二、品牌口号：百年名柚，大有名堂；柚香柚甜柚出色

“梁平柚”有200多年的种植历史，拥有5742棵百年古树，柚文化源远流长，是“中国三大名柚”之一。梁平作为“中国名柚之乡”，也名声在外。但在目前市场认知中，“梁平柚”的历史和地位是缺失的，仅限于区域市场，没能走向全国市场。“梁平柚”需要在市场发出声响，传播自身的历史声誉和行业地位。

“梁平柚”文化底蕴、产品特点和功能都表明，它不是一个普通的柚子，而是大有来历，有品质、有文化，还能入药膳。

基于“梁平柚”的发展历史、行业地位、产品功能、文化功能等因素，确立品牌口号为“百年名柚，大有名堂”。

品牌口号以“百年名柚”进行市场区隔和占位，宣示“梁平柚”的历史声誉和行业地位，与“大有名堂”相链接，形成前后的因果关系，让人想要探知“百年名柚”的与众不同之处，从而引导消费者对“梁平柚”的品牌和产品进行深入了解，形成消费认知。

本案从“梁平柚”的产品特色出发，确立“柚香柚甜柚出色”品牌传播副口号，以消费者追求的香甜作为“大有名堂”的注解。

三、品牌符号：品牌LOGO

“梁平柚”品牌LOGO以柚子形状为基础，刻画了一个可爱俏皮的“柚娃”形象，憨态可掬，个性鲜明。“柚娃”竖起大拇指，为“梁平柚”的出色品质点赞，也是为“梁平柚”的百年名柚身份点赞，与口号中“有名堂”和“柚出色”相呼应。品牌LOGO将梁平木版年画开脸的艺术手法和柚瓣形状造型融入进来，增加图形的活力和亲和力。

“梁平柚”品牌LOGO

色彩上，整体以黄色为主基调，强化柚子特征；以绿色柚子叶做头饰，彰显绿色生态；以淡黄色柚瓣儿做嘴巴，表现味蕾对柚子的喜爱；以红色的腮红点缀两侧，让人物的呆萌灵动形象跃然纸上。

“柚香柚甜柚出色”以棕黑色字体错落于手指上方，对产品特征进行强化，表达“柚娃”对“梁平柚”品质的认可，增加消费者的信任感。

“柚娃”表情在后期应用中有创意延展空间，可以不同的表情包形式在不同的媒介和场景下应用和传播，让品牌更容易落地生根，更快速占领消费者的心智，形成“梁平柚”独特的品牌烙印。

四、品牌符号：品牌辅助图形

“梁平柚”品牌辅助图形以梁平区国家级非物质文化遗产“梁平抬儿调”为创意原点，将梁平癞子锣鼓、梁山灯戏、梁平木版年画等非遗文化元素结合进来，构建了一幅梁平柚喜获丰收、梁平农人乐观豁达的幸福生活画面。

画面中柚农欢快地抬着一个金黄的大柚子，唱着“抬儿调”凯旋，紧随其后的是梁平癞子锣鼓的“锣鼓喧天”、梁山灯戏的“嬉闹诙谐”，路边是一棵百年柚子树，远处是若隐若现的历史人文景观——双桂堂、文峰塔，所有元素都向人们展示着梁平的历史风貌和文化底蕴，表明“梁平柚”确实“大有名堂”。

“梁平柚”品牌辅助图形

临潼石榴

一、品牌名称：临潼石榴

“临潼石榴”是陕西省西安市临潼区的特色优势农产品，2006年获得国家质检总局批准的地理标志产品保护，保护范围为骊山街道办事处、土桥乡等5个办事处、1个乡及岭口镇和新丰街道办事处部分村庄的现辖行政区域，是区域名称加单产业的区域公用品牌。

二、品牌口号：盛世御果，丝路飘香

石榴原产自伊朗和阿富汗等地，在2000年前的汉代传入中国。最早在西晋时期陆机的《与弟云书》和张华的《博物志》中，就有记载张骞从西域将石榴引种至临潼的历史，临潼因此被认为是我国石榴的起源地。

石榴引进初期，主要栽培在皇家园林上林苑和骊山的温泉别宫内，作为皇家观赏之用。到了唐代，在武则天的影响下，我国开始大规模栽培石榴，甚至一度出现了“榴花遍近郊”的盛况。

千百年来，“临潼石榴”一直陪伴着西安的发展，已经成为西安市重要的文化载体。石榴花也是西安市的市花。西安这座十三朝古都一直承载着长治久安的家国梦想，更是见证了大唐盛世和当下繁华。

张骞出使西域的壮举，不仅为中华大地带来了包括石榴在内的众多物产，还标志着陆上丝绸之路的全线贯通。临潼是中国古代丝绸之路重镇，“临潼石榴”见证了丝绸之路的商贸交流，承载着汉唐风韵的盛世气度，更展现出现代产业的繁荣发达。

综上，确立“临潼石榴”品牌口号为“盛世御果，丝路飘香”。“盛世御果”既是对汉唐风韵的回顾，也是对时下繁荣盛世的描述，表达出曾经的珍贵、稀有和专享特征；“丝路飘香”既是对过去丝绸之路的见证，又是对如今新丝路的回应，预示着“临潼石榴”即将走向更广阔的国内外市场。

千百年来，以“临潼石榴”为元素衍生出了剪纸、绘画、服饰等数不尽的文化形态，而在将来，“临潼石榴”也将继续承载着人们的富裕梦想、见证着国家的富强，在盛世中传递从过去到未来的无尽芬芳。

三、品牌符号：品牌LOGO

“临潼石榴”品牌LOGO由“张骞丝路引种”的典故出发，提取出骆驼、骊山与绸缎的元素，组合形成石榴的外形轮廓。

在色彩选取上，以简约的红黄配色与渐变风格进行呈现，整体上石榴产业特性明显，历史文化因素巧嵌。

“临潼石榴”品牌LOGO

四、品牌符号：品牌辅助图形

品牌辅助图形的整体轮廓依然是石榴外形，但在其中融入了更丰富的历史元素、文化元素以及临潼的环境特征。唐代仕女是对“临潼石榴”曾深受皇家喜爱、杨贵妃曾手植石榴等历史故事和传说的文脉再现；西汉使团则是张骞出使西域、引种石榴历史典故的当下回响；石榴依然是整个故事的主角，串联起这片土地对外交往的历史往事。“临潼石榴”从历史盛世的深处走来，带着深厚的文化积淀，在当前盛世中再出发。

“临潼石榴”品牌辅助图形

临渭猕猴桃

一、品牌名称：临渭猕猴桃

“临渭猕猴桃”是陕西省渭南市临渭区的特色优势农产品，当前种植规模近10万亩，是临渭区近年来调整农业产业结构、着力打造的区域名称加单产业的区域公用品牌。2019年，“临渭猕猴桃”向国家知识产权局商标局申请地理标志证明商标，目前已进入实质审查阶段。

二、品牌口号：临渭猕猴桃，塬生就是好；渭人民，种好果

调研发现，“临渭猕猴桃”的核心优势在于其“塬”生条件。首先，临渭塬区兼具三大地形优势，著名长寿塬因其优越的垦殖条件而广受赞誉；其次，“塬”是我国农耕文明的起源，是中华文化的传承地，代表着中国最本质、最传统、最淳朴的生活方式；最后，消费者调查显示，消费者虽然对“塬”的概念较为陌生，但具有强烈的积极联想，倾向于赋予它正面的意义。“塬”这一概念，能够有效激起消费者好奇心，增强联想和记忆点。

因此，“临渭猕猴桃”品牌口号确立为“临渭猕猴桃，塬生就是好”，借“塬”的概念，传递“临渭猕猴桃”产区生态好、纯自然、传统、土壤肥沃等环境优势，以“塬生”链接“原生”，顺应消费者对原生态产品的需求。

另外，“临渭猕猴桃”的品质优势也离不开临渭农人的辛勤劳作，是因为他们的引种、培育、呵护，才有了酸甜可口、营养丰富的猕猴桃。每一颗“临渭猕猴桃”背后都有临渭农人的身影。从人的因素出发，本案确立“临渭猕猴桃”品牌副口号为“渭人民，种好果”。

品牌副口号谐音“为人民，种好果”，与字面意思形成双关表达，与品牌主口号形成互补表达，一个强调环境，一个强调人为因素。

三、品牌符号：品牌LOGO

“临渭猕猴桃”品牌LOGO设计摒弃原有各猕猴桃品牌的惯有思路，以“猕猴”的形象凸显其“原生”本色，猕猴桃因猕猴喜食而得名。在品牌LOGO设计中，对猕猴桃的形状进行了艺术化处理，顶部加心形，底部加爪子，右侧加尾巴，构成一只迷你、可爱的猕猴形象，增强了品牌的亲和力和记忆效果，强化品牌的“原生”价值。

猕猴形象俏皮活泼，圆润的外形凸显了“临渭猕猴桃”的果实饱满，头部“LW”的字母设计是“临渭”拼音首字母的表达。品牌名称的字体设计卡通化，通过笔画的猴尾式处理，将每一个字都刻画成一

“临渭猕猴桃”品牌LOGO

只灵动跳跃的小猴子。

四、品牌符号：品牌辅助图形

“临渭猕猴桃”品牌辅助图形延续品牌主形象的风格，将新鲜饱满的猕猴桃与姿态各异的猕猴进行结合，形成一幅活灵活现的“猕猴闹桃园”的场景，生动展现了“原生态”环境优势和品质优势。

辅助图形利用消费者对猕猴的好感，设计差异化符号，强化记忆点，与品牌主形象形成系列传播。

“临渭猕猴桃”品牌辅助图形

灵宝苹果

一、品牌名称：灵宝苹果

“灵宝苹果”是河南省三门峡市灵宝市优势特色农产品，2014年获得国家工商总局商标局核定注册的地理标志证明商标；2019年1月，获得农业农村部批准的农产品地理标志登记保护，保护范围为灵宝市全境，是地域名称加单产业的农产品区域公用品牌。

二、品牌口号：灵宝苹果，天赐高原好果

市场调研发现，“灵宝苹果”虽然拥有悠久的历史与较高的行业知名度，但较低的市场认知度限制了其发展，一直隐在烟台苹果、阿克苏苹果等知名品牌身后。“灵宝苹果”需要一个让消费者易于接受、能形成显著差异并易于传播的品牌口号。

与国内其他产区的苹果相比，“灵宝苹果”最大的差异化特点便是生在黄土高原，是这里的肥沃厚土、暖温带季风性半湿润气候造就了产品的独特性。“灵宝苹果”拥有近百年的苹果栽培历史，拥有被有关专家称为“亚洲第一高山果园”的优质果园，是西北黄土高原现代苹

果的发源地。

黄土高原是“灵宝苹果”不可复制的“天赐”优势。从这一优势出发，对接消费者对高原水果高品质的认知，本案确立“灵宝苹果”的品牌口号为“灵宝苹果，天赐高原好果”，高原苹果也是行业内对“灵宝苹果”的认知标签。

品牌口号“天赐高原好果”在表达自然馈赠与珍贵品质的同时，借助高原出好果的社会认知，通过抢占“高原”概念，率先发声，实现“灵宝苹果”的品类占位，有助于品牌突围，提升品牌认知，促进品牌传播。

三、品牌符号：品牌LOGO

“灵宝苹果”品牌LOGO以苹果为总体造型，将苹果形象、山地高原特征、消费心像、品牌名称等元素进行有机融合，最终构造出“灵宝苹果”独具灵魂的品牌形象。“灵宝苹果”的魂就是黄土高原。

山地高原形象是“灵宝苹果”生长的黄土高原地貌，紧扣高原苹果的产业特征。LOGO下方的山地高原以红色色块呈现，形似“烈焰红唇”，是消费欲望与健康愿望的双重表达；顶端配以绿叶及蒂，增强视觉主形象的灵动性和品牌产品的新鲜质感。

“灵宝苹果”品牌LOGO

四、品牌符号：品牌辅助图形

“灵宝苹果”品牌辅助图形仍以西北黄土高原作为原型，手绘出黄土高原千沟万壑与一望无际的基本特征，突出“灵宝苹果”产自黄土高原地区，与其他品牌相比具有明显的差异性。在配色上，辅助图形采用单一金黄色作为主色，营造视觉冲击力。对于果农而言，因为有了“灵宝苹果”，这里的黄土高原也就变成了“金山银山”。

“灵宝苹果”品牌辅助图形

南洲稻虾米

一、品牌名称：南洲稻虾米

“南洲稻虾米”也称“南县稻虾米”，是湖南省益阳市南县基于稻虾共生模式而形成的特色优势产业之一，2018年获得国家质检总局批准的地理标志产品保护，保护范围为南县现辖行政区划的2个乡13个镇；2020年11月，“南县稻虾米”获得国家知识产权局商标局核准注册的地理标志证明商标，是区域名称（南县古称南洲县、南洲厅，当地俗语亦称南洲）加单产业的区域公用品牌。

二、品牌口号：神州有好米，南县稻虾米

稻虾米，也称虾稻米，是小龙虾与水稻在同一片生态稻田里和谐共生、形成生态循环系统而生产的大米。小龙虾对土壤、水源、空气等要求甚高，并能反哺水稻，因此，这种共生模式下的大米品质高、口感好。

“南洲稻虾米”不仅有得天独厚的生态环境条件，更是创新了种植养殖模式，以保障大米质量安全。“稻虾米”概念本身就能够产生直观

的、高品质的、生态循环的美好联想。再加上南县位于八百里洞庭湖区腹地，土壤由河湖沉积物形成，深厚肥沃无污染，自然生产高品质好米。

由于作为古称的“南洲”已经取消了100多年，今人所知不多，缺乏显著的区域背书价值，区域指向性不明确，所以在品牌口号中，应与当下区域产生某种关联，以规避品牌名称的缺陷。确立“南洲稻虾米”的品牌口号为“神州有好米，南县稻虾米”，既凸显产品品质，又点名南县区域。

三、品牌符号：品牌LOGO

如前所述，由于稻虾米概念本身就能产生美好联想，所以“南洲稻虾米”品牌LOGO围绕稻虾共生模式展开，充分考虑消费者的认知现状，强化稻虾米的品类特殊性和两者的共生关系，传递生态循环种植养殖理念。

品牌LOGO是一粒大米的形状，米粒内部是一只生龙活虎的小龙虾，张着两只孔武有力的虾钳，虾须下面是两个稻穗，形象地将稻虾共生的安全、生态价值传递出来。

“南洲稻虾米”字体用稻田的条块来拼接，留白部分则是小龙虾在稻田里挖出的洞穴，富有象征意义和趣味性。品牌LOGO图形的色彩选择了小龙虾的红与大米的白，进行反向应用，形成一个表示信用的印章，强化品牌信誉。

“南洲稻虾米”品牌LOGO

四、品牌符号：品牌辅助图形

品牌辅助图形将品牌主形象的内涵场景化、具象化，将鲜红的小龙虾、碧绿的稻叶、金黄的稻穗、湛蓝的湖水、火红的太阳和浅黄的阳光组合成一幅生机盎然的生态田园场景。从整体上看，品牌辅助图形也是一个装满大米的粮仓造型，寓意南县是全国商品粮生产基地县、中国虾稻米之乡。

“南洲稻虾米”品牌辅助图形

南县小龙虾

一、品牌名称：南县小龙虾

“南县小龙虾”是湖南省益阳市南县推行稻虾共生模式所产生的又一特色优势产业，2017年12月获得国家质检总局批准的地理标志产品保护，保护范围为南县的三仙湖镇、南洲镇等12乡镇的现辖行政区域，2018年5月获得国家知识产权局商标局核准注册的地理标志证明商标，是区域名称加单产业的区域公用品牌。

二、品牌口号：洞庭水土养好虾

小龙虾作为网红美食风靡全国已经有十多年时间了，是众多消费者的心头好。消费调研显示，许多消费者对小龙虾的生长环境有认知偏差，认为小龙虾生长在恶劣的水环境中，有安全隐患。安全品质担忧是消费者消费小龙虾的关键痛点。

与此同时，消费者也认为好的水环境、土壤环境和养殖模式与好的小龙虾之间有直接的紧密关系。这恰恰是“南县小龙虾”的优势所在，因此，确立其品牌口号为“洞庭水土养好虾”。

品牌口号回避了解释南县区域位置、解释南县水土条件如何卓越的问题，直接将广为人知、生态卓越的洞庭湖作为参照坐标，告知消费者“南县小龙虾”的养殖环境是来自洞庭湖的水土，让消费者生成自己的信息逻辑。

三、品牌符号：品牌LOGO

“南县小龙虾”与“南洲稻虾米”是双生和共生关系。因此，“南县小龙虾”品牌LOGO也呈现了对稻虾共生的理解与抽象表达。图形部分是一只抽象化的龙虾钳，意在表现小龙虾的健壮孔武和产业属性。弯曲的溪流使龙虾的大小钳更加形象，也象征着来自更广阔的洞庭湖的水系养育着这里的小龙虾。龙虾钳上部留白处是广袤的湖面，也是一颗圆润饱满的稻米形象，寓意虾与稻的边界消融，和谐共生。这也是南县小龙虾独特的生态价值所在。

“南县小龙虾”品牌LOGO

对于小龙虾而言，生态环境是真正决定其品质的关键。辅助图形顶部的飞鸟一方面是洞庭湖良好生态的象征，另一方面也弥补了上半部视觉空白所产生的审美缺陷。

与“南洲稻虾米”一样，“南县小龙虾”品牌主形象也采用红白配色，两者调性统一，在阐释双生共生生态理念的同时，未来也可以协同传播，在多种应用场景中和谐共生。

四、品牌符号：品牌辅助图形

无。

尼勒克黑蜂蜂蜜

一、品牌名称：尼勒克黑蜂蜂蜜

“尼勒克黑蜂蜂蜜”是新疆维吾尔自治区伊犁哈萨克自治州尼勒克县的特色优势农产品，2012年3月获得国家工商总局商标局核准注册的地理标志证明商标，是区域名称加单产业的区域公用品牌。

二、品牌口号：尼勒克的神奇秘蜜

尼勒克黑蜂是世界四大名蜂之一，体型大，体质好，体能强，抗病和抗寒能力突出，因此可以在较低的气温下采集海拔1 800 ~ 2 500米天山深处无污染的鲜花分泌液。尼勒克黑蜂飞行高度大，采蜜半径广，采蜜周期长，能够将天山深处和唐布拉草原上各种神秘的中草药植物作为蜜源，酿造出品质绝佳的成熟蜂蜜。

“尼勒克黑蜂蜂蜜”因此具有含糖量高和矿物质、有机酸、蛋白质、维生素等营养成分丰富的特点。世人皆知蜂蜜，但大多不知尼勒克黑蜂和“尼勒克黑蜂蜂蜜”背后的诸多秘密，甚至不知成熟蜂蜜和非成熟蜂蜜的区别。

因此，本案确立“尼勒克黑蜂蜂蜜”的品牌口号为“尼勒克的神奇秘蜜”。首先，尼勒克地名本身就有吸引人去了解的异域魅力；其次，尼勒克黑蜂就是一个神奇的秘密存在，还不太为人所知；最后，由尼勒克黑蜂酿造的成熟蜂蜜含有上百种天山深处神秘中草药的精华，营养价值高也不太为人所知。

这一品牌口号旨在唤起消费者的好奇心、求知欲，让他们去探寻品牌背后的诸多神奇秘密和营养价值，也意味着曾经秘藏于尼勒克的好蜂蜜，开始走向更广阔的市场。

三、品牌符号：品牌LOGO

“尼勒克黑蜂蜂蜜”品牌LOGO以尼勒克黑蜂为原型，展现了一个于百花丛中采蜜的勤劳黑蜂。多彩的色块象征尼勒克的中草药百花蜜源，意味“尼勒克黑蜂蜂蜜”是真正的天然本草蜜。“尼勒克黑蜂蜂蜜”有很好的养生保健功能，能够带给消费者健康、快乐，让他们的生活多姿多彩。垂下的蜜滴向消费者表达了“尼勒克黑蜂蜂蜜”能够做到挂勺不滴，是含水量低的成熟蜂蜜。

尼勒克黑蜂蜂蜜
Nilka Black Bee Honey
·天山本草蜜·

“尼勒克黑蜂蜂蜜”品牌LOGO

四、品牌符号：品牌辅助图形

“尼勒克黑蜂蜂蜜”品牌辅助图形以新疆少女、蜂农为代表元素，展现了勤劳淳朴的尼勒克人酿制蜂蜜的场景，将天山、草原、河流、牲畜等多种元素融入其中，表现其纯净优越的生态环境。

品牌辅助图形通过服饰细节来体现尼勒克的多民族特征，用“百里画廊”来标明唐布拉大草原，处处洋溢着异域民族风情，是“尼勒克的神奇秘蜜”品牌口号的生动诠释。

“尼勒克黑蜂蜂蜜”品牌辅助图形

磐安云峰

一、品牌名称：磐安云峰

“磐安云峰”是浙江省金华市磐安县的特色优势农产品，2007年11月获得国家工商总局商标局核准注册的地理标志证明商标，2020年4月获得农业农村部批准的农产品地理标志登记保护，保护范围为磐安县现辖行政区域，包括区域内的2个街道和12个乡镇，是区域名称加单产业的区域公用品牌。

二、品牌口号：道骨仙风，磐安云峰

“磐安云峰”来源于区域优良的生态环境和深厚的人文传承，生态是杰出品质的基石，人文则彰显品牌价值感。概括起来，可以用山林间、云雾中、仙家技、匠人情、味浓郁、体蹁跹等特征来形容“磐安云峰”的主要特点。

首先，磐安县作为“群山之祖，诸水之源”的独特地理区位和地貌特点，为茶叶营造了独特的生长环境，磐安的茶园分布在森林云海中，仿佛处在仙人居所。

其次，“磐安云峰”传承自唐代贡茶婺州东白，其制茶技艺由东晋道教净明派祖师许逊真君传授，经千年发展经久不衰，可以称作仙人技艺。

最后，由于磐安多山地，平均海拔高于周边地区，境内气温更低，使得茶叶体态更为纤长优美，如有仙人风骨。

“磐安云峰”产自仙人居所，享有仙人技艺，所出产的茶叶似有仙人风骨，因此，从生长环境、文脉传承和产品形态等方面确立“磐安云峰”品牌口号为“道骨仙风，磐安云峰”。

品牌口号采用虚实结合的方式，“虚”指的是传说故事，“实”指的是生态环境与产品特征，向消费者描绘了一个超凡脱俗、洒脱逍遥的世界，与恬静淡雅、安然隐逸的品茶世界一脉相承。

三、品牌符号：品牌LOGO

“磐安云峰”品牌LOGO立足于品牌价值，结合磐安县茶叶产业的文化脉络，提取玉山古茶场（全国重点文物保护单位）代表性元素，融合茶叶、“云”字进行设计，营造出茶香袅袅升腾、弥漫在山间的意境，道骨仙风之气跃然纸上。

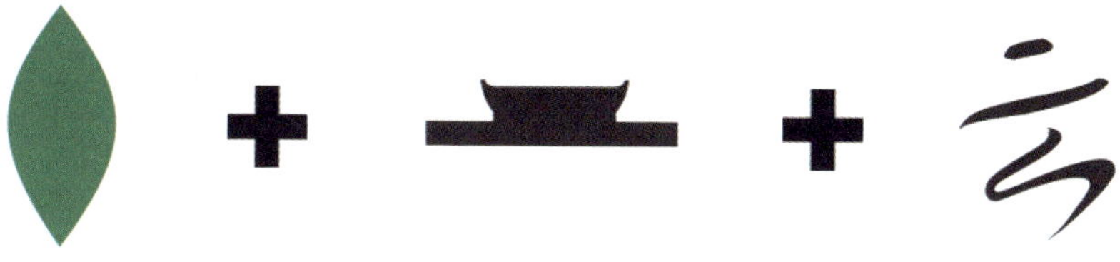

“磐安云峰”品牌LOGO设计元素

“磐安云峰”品牌LOGO中，“茶场庙”承载着品牌的道家文化，也是茶叶悠久生产历史的见证，向消费者传达“磐安云峰”深厚的文化传承。“云”字的形象一方面是“磐安云峰”名称的体现，似杯中升腾的茶香；另一方面也与品牌口号呼应，表现出道骨仙风、飘然出尘的品牌气质。

“磐安云峰”品牌LOGO

四、品牌符号：品牌辅助图形

“磐安云峰”品牌辅助图形采用扁平化的设计方法，将茶山、茶叶、古茶场及六角古砖等元素进行扁平化处理，营造简洁、超然的意境，突出清新自然的环境特征。

在配色上，以清新的绿色作为主色调，通过色彩深浅变化塑造出虚实结合的场景，渺渺有如仙境。

“磐安云峰”品牌辅助图形

蒲城酥梨

一、品牌名称：蒲城酥梨

“蒲城酥梨”是陕西省渭南市蒲城县优势特色农产品，2012年12月获得国家质检总局批准的地理标志产品保护，保护范围为蒲城县现辖行政区域。“蒲城酥梨”前身为安徽砀山酥梨，在蒲城区域内受特殊自然环境和气候影响，形成独特的品质和特征，有“大如拳、甜如蜜、脆如菱”美誉。“蒲城酥梨”是地域名加品类名的单产业农产品区域公用品牌。

二、品牌口号：蒲城酥梨，多汁多润

在中国市场，梨的温润滋补功效深入人心，川贝炖雪梨更是很多消费者治疗咳嗽的一剂良方。调研显示，消费者对于梨的消费决策更多地受“汁多甜润”特征的驱动。在消费者认知中，“润”是梨的共性特征，个性特征则体现在色泽、肉质糙腻、大小、酸甜、汁水等方面，其中与“润”关系最为密切的认知是“汁水”。

蒲城酥梨的产品特征中最为明显的是“汁水丰多”，在当地有

"吃一口，流一手"的说法。基于此，将产品核心特征与消费认知、消费需求进行链接，提炼蒲城酥梨的品牌口号为"蒲城酥梨，多汁多润"。

这一品牌口号在诉求产品利益"多汁"特征的同时，也诉求消费者的功能利益"润喉润肺"和情感利益"温润降燥"，并且在"多汁"与"多润"之间架构起自然逻辑的桥梁。

三、品牌符号：品牌LOGO

"蒲城酥梨"品牌LOGO以酥梨的整体造型为基础图形，巧妙融合了"蒲城"拼音的首字母"PC"，突出产品的地域属性。基础图形提取梨的鲜果色彩，以黄色和淡绿色作为配色，整体造型描摹出蒲城酥梨的外形特征，通过笔触粗细对比、末端收笔线条、图形留白产生酥梨的写意形象。品牌名称"蒲城酥梨"字体设计采用毛笔书法体，与基础图形一起形成绘画效果。

"蒲城酥梨"品牌LOGO

四、品牌符号：品牌辅助图形

“蒲城酥梨”品牌辅助图形以淡雅清新的淡黄色为主色调，呼应品牌产品的温润气质。其图形设计元素为品牌LOGO，通过淡化处理，倾斜有序排列，形成品牌的专有纹样。

这一纹样将广泛应用于产品包装、宣传物料及相关衍生品上，传递淡雅的品牌格调。

“蒲城酥梨”品牌辅助图形

千岛湖茶

一、品牌名称：千岛湖茶

“千岛湖茶”是浙江省淳安县将区域内多类茶叶资源进行整合后新打造的茶叶区域公用品牌，2021年8月获得国家知识产权局商标局核准注册的一般商标，是非行政区划的区域名称加单产业的区域品牌。

二、品牌口号：一叶知千岛

“千岛湖茶”的核心价值在千岛湖。作为国家5A级旅游景区，千岛湖因优异的水质和优美的环境被誉为“天下第一秀水”，是“千岛湖茶”最大的背书价值。

从千岛湖的自然资源上看，茶叶是这片风土的产物。优质的气候、水质、土壤、空气成就了这一片好茶叶。这一片茶叶，是千岛湖的水土、空气和阳光共同作用的结果。透过这一叶，可以看到千岛绿水青山。

从千岛湖茶的茶种上看，早在1000多年前睦州鸠坑茶已成为唐朝皇室贡品，足可见其卓越品质。而后千年，鸠坑茶种以其独特优势传种于海内外各地，有古典明确记载“鸠坑大叶种，茶之母也”。如今淳安千岛湖茶的茶种，仍来自这一优良茶种。这一叶，传承了千年鸠坑茶母精华。

从千岛湖茶的文脉上看，淳安茶农世代耕耘于此，将躬耕茶园的勤恳欢喜与代代相传的匠心精神，融入这一片好茶叶，培育出千岛银针、千岛玉叶等区域特色好茶。透过这一叶，可见千岛茶农匠心茶艺。

综上，确定“千岛湖茶”品牌口号为“一叶知千岛”。一叶融千岛绿水青山；一叶传千年鸠坑良种；一叶窥千岛匠心茶艺。

“一叶知千岛”品牌口号深度演绎了“禅茶一味”的哲思，与佛教所说的“一沙一世界，一花一天国”殊途同归，借助“一”与“千”所形成的少与多、小与大的张力，引发消费者去思考茶所构建的世界。

“一叶知千岛”品牌口号还可以通过与千岛湖旅游市场的深度链接，走农文旅融合发展路线，借助千万级的旅游人群，打开市场，形成“产业 + 景区”有效互动的局面，以景区的高知名度与美誉度，带动茶叶销售，促进茶叶品牌传播，丰富茶叶品牌内涵，并反哺千岛湖，使茶文化成为千岛湖文化的重要组成部分。

三、品牌符号：品牌LOGO

如前所述，“千岛湖茶”最大的信用背书是千岛湖，且已经由淳安县茶叶行业协会将书法字体进行了商标注册，因此，其品牌LOGO采用文字标的形式呈现，强化“千岛湖茶”的区域优势。

千島湖®茶

一叶知千岛

“千岛湖茶”品牌LOGO

四、品牌符号：品牌辅助图形

“千岛湖茶”品牌辅助图形紧扣“一叶知千岛”品牌口号，呈现了一片茶叶，在这片茶叶里，包含了千岛湖的山水、风物和人文。辅助图形采用极简主义风格的线条表达，将漫岛茶叶、采茶人、湖、云朵、屋舍与孤舟等元素组合起来，用线描细节呈现千岛湖的方方面面。

“千岛湖茶”品牌辅助图形

“千岛湖茶”整合了淳安县的龙井、毛尖、银针、红茶等多个茶叶类别，在实际应用中，辅助图形可以通过不同色彩的微调，实现与产品系列的匹配，形成组合多样又调性统一的视觉识别体系。

“千岛湖茶”不同茶类的品牌辅助图形

青海青稞

一、品牌名称：青海青稞

青稞是藏族人民的主食之一，具有很高的营养价值和医药保健价值，主要分布在我国西藏、青海、四川、云南、甘肃等省份海拔4200～4500米的高寒地区。

青稞是高原特色优势作物。青海青稞常年种植面积在100万亩以上，占全国青稞面积的1/4，占青海省粮食作物面积的1/4以上，产量约20万吨。青海省已建成高标准、规模化青稞生产基地50多万亩，绿色有机面积占80%。

为打响青海省青稞的知名度，提升其溢价能力，增强其竞争力，在消费市场使青稞与青海产生强关联联想，青海省决定打造“青海青稞”区域公用品牌。

二、品牌口号：青海青稞，绿色健康

青稞长于高海拔的高寒地带，种植区域生态环境良好，远离污染。青稞是处于高寒缺氧环境下的人们的主食，是维系人们健康的重要保障，有很高的营养价值和保健功效。

2020年青海青稞产业发展论坛将会议主题确定为“青海青稞，绿色健康”，在一定程度上凝聚了全省产业共识，积累了一定的传播效果。

从生态环境、产品功能和现有资源出发，确立“青海青稞”品牌口号为“青海青稞，绿色健康”。品牌口号直白通俗易懂，用两个最基本的利益诉求对接消费者，同时，以“绿色健康”引领全省青稞产业走绿色有机发展道路。

三、品牌符号：品牌LOGO

“青海青稞”品牌LOGO与品牌口号一样，采用直观的视觉表达，以青稞的麦穗造型作为主要元素。下方的青稞叶似一双展开的手，象征着青海农人将青稞这一高原佳品奉献给消费者。

“青海青稞”的字体对笔画做了处理，使其更像青稞的叶子。在色彩上，整体采用青绿色，呈现青海环境的纯净和青稞产品的生态。

“青海青稞”品牌LOGO

四、品牌符号：品牌辅助图形

“青海青稞”品牌辅助图形选取了青稞生命周期中的四个关键节点进行视觉化呈现。第一个是播种期间的高原特征，突出产地处于青藏高原等高寒地带；第二个是青稞拔节的碧绿原野，远处是高山积雪；第三个是青稞成熟的季节，原野一片金黄；第四个是青稞脱粒加工以后的产品形态。辅助图形系列化风格明显，充满美感，是“青海青稞”生产场景的真实写照，有利于消费者产生信赖感。

“青海青稞”品牌辅助图形

庆安大米

一、品牌名称：庆安大米

“庆安大米”是黑龙江省绥化市庆安县特色优势农产品，2004年4月获得国家工商总局商标局核准注册的地理标志证明商标，2014年获得国家质检总局批准的地理标志产品保护，保护范围为庆安县现辖行政区域，是区域名称加单产业的区域公用品牌。

二、品牌口号：有一种米香，叫庆安香

庆安县位于黑龙江省中部，小兴安岭西南麓，境内三面环山，九河汇流，森林覆盖率65%，素有“七山一水二分田”“塞北江南”“中国绿色食品之乡”等美誉。全县280万亩耕地中，绿色水稻面积达140万亩，是我国重要的粮食生产基地，先后被评为“国家级生态示范区”“绿色食品A级水稻生产基地”“全国农业生产先进县”。庆安县在水源、土壤、气候等方面的天然优势和管理技术方面的后天保障，造就了“庆安大米”的独特品质。

从市场竞争的角度看，谈到大米，消费者首先想到的是东北大米

产区的五常大米，口感好，口味香，名气大，深受消费者喜爱。这一切源于五常大米的“稻花香”品种形成的差异化特征。“稻花香”既表现了产品的香味特征，又抓住了中国古典文学中“稻花香里说丰年”的美好意象。“稻花香”已经成为许多消费者心目中好米的代名词和同义词。

从区域名称的角度看，“庆安”地名本身就具有的美好寓意，成为“庆安大米”品牌核心价值的天然载体，“庆”有“欢庆、喜庆、吉庆”之意，“安”有“安心、安全、安宁”之意，无论是粮食生产所需要的丰庆有余，还是食品品质所需要的安全放心，均在“庆安”二字中得到集中体现。

消费者在追求大米口感的同时，也追求其香味。为与“稻花香”形成明显区隔，“庆安大米”采用“是非定位”，将自身的香味界定为“庆安香”，确立品牌口号为“有一种米香，叫庆安香”。

“庆安香”是基于消费认知、竞争诉求与庆安禀赋所创造的全新概念，是让人欢喜的吉庆之香，是让人放心的安全之香，也是独属庆安的大米之香；超越了产品本身层面的竞争，进入到“稻花香”与“庆安香”的品类竞争，有利于消费者识别并建立情感链接。

三、品牌符号：品牌LOGO

“庆安大米”品牌LOGO设计灵感来源于其生产环境。庆安地处黑龙江中部，是一马平川的东北平原，是机械化、现代化大农场农业的代表。“庆安大米”的稻田是地势平坦、一望无际的，也是条块分明、一片连着一片的。

“田野”是“庆安大米”品牌主形象着力表现的意象。“庆安大米”就是写在天地之间、广袤田野上的产业。因此，品牌主形象以象征田野的色块，拼成了“庆安大米”的字样。在配色上，选择了象征吉庆吉祥的红和象征大米的白，以匹配“庆安香”的吉庆内涵。

“庆安大米”品牌LOGO

四、品牌符号：品牌辅助图形

“庆安大米”品牌辅助图形以版画的形式描绘了一幅农人辛勤劳作与大米丰收的喜庆景象，色彩饱满热烈，洋溢着“庆安香”。辅助图形通过农人服饰表现出来的东北特征，将“庆安大米”与东北大米紧紧联系在一起，链接消费者对东北大米的信任度。

“庆安大米”品牌辅助图形

庆元香菇

一、品牌名称：庆元香菇

“庆元香菇”是浙江省丽水市庆元县的特色优势农产品，2002年6月获得国家质检总局批准的原产地域产品保护，保护范围为庆元县、景宁县、龙泉市所辖行政区域，2004年5月获得国家工商总局商标局核准注册的地理标志证明商标，是区域名称加单产业的区域品牌。

二、品牌口号：庆元香菇，一见如故

庆元县以种植香菇而闻名，享有“中国香菇城”的美誉。同全国其他香菇产区相比，香菇文脉是“庆元香菇”所独有的。庆元县是世界香菇之源——世界人工栽培香菇技术的发祥地，具有独特的香菇文化、信仰体系以及深厚的香菇情结。“庆元香菇”是来自世界香菇发源地的、世代传承800年的、具有优异品质和独特文脉的香菇品牌。

800年传承的文化根脉、原生如初的种植环境、品相口感依旧的优异品质、手口相传的精湛技艺、信仰虔诚的菇农匠心使“庆元香菇”

在香菇文化的传承与发扬中有无可替代的地位，也塑造了它传承800年的醇正风味。

基于此，确立“庆元香菇”品牌口号为“庆元香菇，一见如故”。“一见如故”既表达了“庆元香菇”对香菇文化的传承，也表达了对香菇品质的自信，以拟人化的口吻与消费者交朋友，拉近情感距离，促进重复消费。实际上，香菇早已成为家庭餐桌上的常客，只是消费者不知道哪个是庆元产的。借助“一见如故”，“庆元香菇”可以通过品质和口感，打通消费者的味蕾记忆。

三、品牌符号：品牌LOGO

“庆元香菇”品牌LOGO从香菇特征中提取创意元素，整体形象就是一个水墨式的写意香菇。菇盖形象近似斗笠，菇脚形象似老者胡须，与传说中头戴斗笠、发明“剁花法”人工栽培香菇技术的吴三公形象颇为相似，体现庆元县作为吴三公故乡、世界香菇之源的地位。

“庆元香菇”品牌LOGO

四、品牌符号：品牌辅助图形

“庆元香菇”品牌传播辅助图形展现了香菇生长的绿水青山生态环境以及种菇农人的香菇功夫，画面中也刻画了庆元县的山水、廊桥等元素，以增强区域指向性。辅助图形以夸张的手法重点表现了茁壮成长的香菇。

“庆元香菇”品牌辅助图形

山西药茶

一、品牌名称：山西药茶

“山西药茶”是山西省近年来重点打造的省级单产业区域公用品牌，旨在通过药茶品牌将山西的1700多种药食同源的中药材整合起来，以茶饮的形式、统一的形象、同一个声音面向消费市场，争取在六大茶类之外再创第七大茶类。2020年，“山西药茶”已提交一般商标注册申请，目前正在等待实质审查阶段。

二、品牌口号：一杯山西药茶，中华百草精华

茶本身就有营养健康养生的功效，药茶更是如此。山西省携天时地利人和之优势，将省内的1700多种药食同源的中药材进行开发，或用古老传承的手工技艺，或用现代科技的机械工艺，将这些中药材的药理性调制出来，制成人们日常调养身心的饮品。

当前，山西已经形成了太行山、太岳山连翘叶茶基地，晋南边山丘陵区槐米茶、菊花茶基地，恒山黄芪茶、枸杞芽茶基地，吕梁山沙棘叶茶、红枣叶茶基地，晋东南桑叶茶、黄芩茶、党参茶基地，管涔

山毛建草茶基地六大药茶主产区。

从消费需求上看，在全球新冠肺炎疫情和都市快节奏生活背景下，消费者的健康、保健、养生的意识日益增强，80后的“油腻”焦虑和90后的“脱发”焦虑从一个侧面反映了人们对健康的关注。

从资源禀赋上看，山西是我国著名的道地药材产区，资源极其丰富，几乎囊括了中华药材的精华，已经形成规模、拥有一定消费基础的品类就有十几种。

从消费认知上看，茶也是百草之一。国人自古就有以中药材饮品调理身心的集体认知与消费习惯，不同的药饮对应不同的症状，形成了多种多样数不尽的药茶配方。

因此，本案确立“山西药茶”品牌口号为“一杯山西药茶，中华百草精华”。

在特定的传播场景中，品牌可使用针对性的传播口号更精准地触达消费者。“山西药茶”根据环境资源与产品功效方面的优势，确立了农旅融合场景和品牌推介场景的品牌传播口号。

农旅场景：饮山西药茶，品山河精华。山西因黄河环抱，太行、吕梁守卫，汾河流贯其中，素有“表里山河”之称。“山西药茶”正是生长在这样壮美的山河之中。来山西旅游的消费者，不仅可以领略山西壮美山河，也可以通过“山西药茶”品味山河精华。

推介场景：山西药茶，饮领健康生活。人口老龄化与疾病低龄化问题已引起国人高度关注，也是未来很长一段时期我国面临的严峻社会问题。《“健康中国2030”规划纲要》提出，要引导健康、养生相关产业发展。“山西药茶”率先在全国谋划药茶产业品牌，既是对市场需求的响应，也是对国家战略的回应，在饮品领域引领国人健康生活。

三、品牌符号：品牌LOGO

“山西药茶”品牌LOGO是一杯正在冲泡的药茶，“茶叶”随着水流在杯中循环往复，有太极阴阳不断转化之感，与中医药理论对人体阴阳平衡的认知相通，体现了药茶不同于其他茶类的特殊性。

四片似茶似药的绿叶环抱的中心是山西省的行政区划轮廓图，是品牌的区域背书。品牌LOGO整体外圆内方，形似圆形方孔钱，也是向历史上极具开拓精神的晋商文明致敬。今日“山西药茶”也在努力开拓自己的第七大茶类。整体配色上，采用视觉效果特别舒服的绿色，传达绿色健康的品牌理念。

山西药茶
—— SHANXI YAO TEA ——

“山西药茶”品牌LOGO

四、品牌符号：品牌辅助图形

“山西药茶”品牌辅助图形提取山西国宝晋侯鸟尊的花纹，结合晋商文化中常见的盖碗元素，创制出极具山西文脉特征、药茶香气四溢的画面。辅助图形以古代药典书籍的形式展现，表现其中草药饮品的特性和源远流长的药饮历史。设计富含复古美学特征，在现代传播应用中能够凸显品牌个性。

“山西药茶”品牌辅助图形

“山西药茶”的原料由多种多样的中

药材构成。从传播系列产品的方便性、增强消费者识别的便利性角度出发，“山西药茶”的辅助图形还包括代表性中草药的插画。这些插画与相应的产品形成匹配关系，丰富了品牌的包装应用和传播场景。

“山西药茶”代表性中药材插画

万荣苹果

一、品牌名称：万荣苹果

“万荣苹果”是山西省运城市万荣县特色优势农产品，2013年3月获得国家工商总局核准注册的地理标志证明商标，2016年8月获得农业部批准的农产品地理标志登记保护，是区域名称加单产业的区域公用品牌。

二、品牌口号：一个快乐的苹果

万荣是华夏文明的发祥地之一，历史悠久，文化灿烂。这片土地孕育了笑话文化、后土文化、慈善文化等八大文化，同时滋养了这片黄土地上人民的文化自信和乐观心态。在八大文化中，最具万荣特色的当属笑话文化。万荣是中华笑城，万荣笑话是万荣人引以为傲的一张“金名片”，它一直向世人传递和播撒万荣的快乐文化，具有较高的知名度及口碑，积累了广泛的认知基础。基于笑话文化而凝练形成的万荣精神，传承了笑话中的快乐基因，“zeng”气是万荣精神内核，表现了万荣人执着求真、敢为人先的精气神。万荣笑话和万荣精神代表这座城市的文化内核，共同指向了“快乐”。“快乐”是万荣文化的根与魂，是万荣区别于中国其他县区的独特基因。

对于万荣苹果而言，“快乐”不仅有万荣文化的烙印，而且有世界文化的认知基础，体现了区域公用品牌创建的区域特征，是产业竞争从产品属性向文化属性升级的差异化基础。“快乐”将万荣地区独特的文化体系、万荣人民独特的精神面貌以及消费者吃苹果的愉悦心情都概括了进去。

不仅如此，万荣农人还从技术上、品质上、管理上为享受这份快乐提供了坚实保障，基于此，从差异化竞争的角度，确立“万荣苹果”品牌口号为“一个快乐的苹果”。借此，品牌彰显了区域独特文化，避开了国内诸多苹果区域公用品牌的同质化竞争，给消费者提供了超越物质层面的心理享受，在中国四大苹果主产区中树立了品牌个性。

三、品牌符号：品牌LOGO

“万荣苹果”品牌LOGO基于“一个快乐的苹果”品牌核心价值，创意设计品牌主形象，以消费认知广泛的苹果形象为轮廓，在其中融入“万”字以代表万荣区域，“万”字形象舒展流畅，传达出万荣独有的乐天向上的快乐文化。另外，“万”字与图形上方的点构成了一个开心的舞者形象，是万荣独有的花鼓舞蹈造型，具有浓郁的地域风情。

万荣苹果
一个快乐的苹果

“万荣苹果”品牌LOGO

四、品牌符号：品牌辅助图形

“万荣苹果”品牌辅助图形以质朴的手绘风格，描绘了一个“快乐果园”的丰收景象，带有儿童画般的快乐和纯真。除采摘的劳动场景外，最具区域代表性的元素是这里唢呐与花鼓的艺术表现，欢快而独特，传达出一个快乐的苹果的内在气质。

在色彩上，以品牌主形象的红色为基础，点缀出“万荣苹果”丰收多产特征，背景色选择代表健康的绿色，铺满整个画面，营造饱满热烈的氛围，富有视觉冲击力。

“万荣苹果”品牌辅助图形

威宁苹果

一、品牌名称：威宁苹果

“威宁苹果”是贵州省威宁彝族回族自治县优势特色农产品，2017年获得国家质检总局批准的地理标志产品保护，保护范围覆盖威宁县所辖的4个街道和35个乡镇；2017年获得农业部批准的农产品地理标志登记；2019年获得国家知识产权局商标局核定注册的地理标志证明商标，是区域名称加单产业的区域公用品牌。

二、品牌口号：高原红，冰糖心

“威宁苹果”环境、产区、产业优势明显，但品牌认知待加强。“威宁苹果”品牌建设起步较晚，品牌建设力度不足，与老牌苹果品牌相比，其知名度存在较大的提升空间。根据消费者调研结果，威宁苹果的知名度仅在10%左右，知名度的欠缺导致品牌美誉度不足。

“威宁苹果”产区平均种植海拔为2200米，昼夜温差大，病虫害少。这样的地理条件为威宁苹果带来优越的自然生长环境，成就了较少人为因素干扰的生态营养系统，使“威宁苹果”的种植无需施药、较少施肥，果品品质天然纯正。

与很多苹果产区前期套袋、后期采用铺设反射膜的方式为苹果均匀着色不同，“威宁苹果”不用套袋，生长周期内一直采用自然日光着色，因此呈现出浓淡不均的、略显粗糙的“红”。本案将这种红界定为“高原红”，以在外观色彩上与竞品形成差异化。

“免套袋、不杀虫”技术在保障苹果自然纯正品质的同时，也使果品因风吹日晒、枝条击打产生不光洁的表面。与色相形成鲜明对比的是，因高原地区的昼夜温差有利于养分的积累，“威宁苹果”的可溶性固形物含量平均在15%以上，是名副其实的“冰糖心”。这恰恰是消费者追求的“内在美”，这种“内在美”与“外在美”的反差，往往会带给消费者惊喜。

因此，本案确立“威宁苹果”品牌口号为“高原红，冰糖心”。这一口号在苹果品牌营销中率先提出“高原红”的独特概念，在凸显“威宁苹果”产品特色的同时，借力高原特征，在区域（高原）和品质（甜）之间架起一座逻辑之桥。有了这样一座桥，有广泛群众消费基础的“冰糖心”便有了充足的证据，能够引发消费者想象，产生情感共鸣。

三、品牌符号：品牌LOGO

“威宁苹果”品牌主形象以彝族神秘而独特的岩画为创意来源，以笨拙古朴的笔画描绘苹果种植收获的场景，延续一直以来的原生态。岩画风格的线条和图案与“威宁苹果”不平滑、甚至斑驳的果皮异曲同工，都是原生态的纯真表达。画面整体传达出彝族的神秘风情，象征着这里还有

“威宁苹果”品牌LOGO

深藏在大山里的佳果等待消费者去发现、去品尝。

品牌LOGO主色为深红色，是“威宁苹果”经年累月自然日光着色的结果，表达出“高原红”纯粹、热烈、神秘、野性的特点。印章落款的“贵州”，强调“威宁苹果”在地理区域上的归属。

四、品牌符号：品牌辅助图形

“威宁苹果”品牌辅助图形的设计，充分挖掘威宁地区彝族特色文化，从民族文化中提取代表性元素：服饰、丰收场景、载歌载舞的生活方式、高原阳光与成片果林。在配色上，“威宁苹果”品牌辅助图形以“高原红”作为主色调，融入彝族绚丽的服饰配色，充分表现出纯粹、热烈、神秘、野性的品牌内涵，应用于产品包装和传播物料中，具有很强的区域特征和视觉识别度。

“威宁苹果”品牌辅助图形

温岭葡萄

一、品牌名称：温岭葡萄

“温岭葡萄”是浙江省台州市温岭县优势特色农产品，2012年8月获得国家工商总局商标局核准注册的地理标志证明商标，是区域名称加单产业的区域公用品牌。2021年，温岭市葡萄特色农产品优势区被认定为省级特色农产品优势区。

二、品牌口号：温岭葡萄，海岸葡萄阳光味

温岭是一座滨海城市，获得了“国家级生态示范区”、全国农村综合实力百强县（市）等诸多荣誉，这里是公认的葡萄种植黄金区，拥有种植葡萄的3S法则，即阳光（sun）、沙砾（sand）、海洋（sea）。

在温岭所有的标签中，最广为人知的是新千年第一缕阳光照射地。基于上述资源优势，“温岭葡萄”决定积极抢占“海岸葡萄”品类资源，对接最具知名度的认知标签，确立品牌口号为“海岸葡萄阳光味”。

三、品牌符号：品牌LOGO

“温岭葡萄”品牌LOGO是一串成熟的葡萄形象，将温岭拼音的首字母“WL”进行变形，设计成海浪卷起的形状，作为构成葡萄图形的元素符号。图形上端的绿色葡萄蒂采用了飞鸟的造型，像掠过海浪的海鸥。品牌LOGO将海岸城市和海岸葡萄的特性和谐统一地传递出来，具有很强的区域特征。

“温岭葡萄”品牌LOGO

在配色上，品牌主形象采用了成熟葡萄的紫色，辅以淡绿色藤蔓，使葡萄的视觉形象更加具象、鲜明，容易识别。

四、品牌符号：品牌辅助图形

“温岭葡萄”的品牌辅助图形延续了品牌主形象的紫色色调，将其中的海浪、葡萄粒元素拆解，重新拼凑成独属于品牌的纹样和底色。与知名品牌的“蒂芙尼蓝”一样，专属的、醒目的“温岭葡萄紫”将会在产品堆头和媒体传播中，形成一个紫色的海洋，吸引消费者眼球。

“温岭葡萄”品牌辅助图形

武功猕猴桃

一、品牌名称：武功猕猴桃

“武功猕猴桃”是陕西省咸阳市武功县的优势特色农产品，2017年11月获得国家知识产权局商标局核准注册的地理标志证明商标，是区域名称加单产业的区域公用品牌。

二、品牌口号：下功夫，成好果！

武功县位于北纬34°，是猕猴桃适生区北沿重要产区。产区光照充足，年日照时数位居全国猕猴桃产区前列；昼夜温差大，利于猕猴桃营养积累；土壤肥沃，相较于周边猕猴桃产区，有机质含量高；水资源丰富，县内三条河流同属渭河水系，润泽全境。优越的自然环境，为武功猕猴桃的高品质奠定了良好的基础。

“武功”是县名，亦是中华传统文化中“功夫”的象征。受历史名著、武侠小说及影视作品的影响，功夫文化在全国甚至全球均拥有广泛而深入的大众认知基础，可以迅速对接我国消费者的集体意识。“武功”二字是链接武功县与消费者的天然沟通桥梁。

调研发现，相较于周边的眉县、周至，“武功猕猴桃”起步较晚，但它充分利用了后发优势，在种植标准化、管理规范化、渠道电商化、产业组织化、果园循环化五个方面下足了功夫，以成就高品质好果。

基于武功农人勤恳耕耘、下足功夫、成就高品质好果的精神，结合消费者对“武功”与“功夫”的天然联想，确立“武功猕猴桃”品牌口号为“下功夫，成好果！”。

这一口号不仅在字面上将“武功猕猴桃”与“功夫”进行了链接，更进一步进行了品牌内涵上的延伸，表达出好果背后农人的辛勤付出，使消费者产生正面联想。

三、品牌符号：品牌LOGO

“武功猕猴桃”LOGO基于品牌价值体系，将“功夫”作为品牌符号创意的出发点，设计出“武功猕猴桃”的品牌形象，彰显品牌个性。

“武功猕猴桃”品牌主形象以猕猴桃产品形象为基础，融合大众认知的武林高手形象，为其戴上斗笠、披上披风，塑造出武功猕猴桃卡通形象，即“武功小子”。“武功小子”表情憨厚可爱，老少皆宜，个性鲜明，顺应互联网时代下品牌符号年轻化、卡通化的取向。

品牌LOGO中，品牌名称与品牌口号字体粗犷、随性，符合武功张扬气质，整体上以猕猴桃外观的颜色作为基础色调，凸显其产品特

“武功猕猴桃”品牌LOGO

征。以个性鲜明的拟人化卡通人物作为品牌主形象，有利于“武功猕猴桃”开展差异化的品牌竞争，在区域品牌竞争中赢得优势。

四、品牌符号：品牌辅助图形

“武功猕猴桃”品牌辅助图形以品牌主形象为基础，结合武林高手习武的招式，统一构建，形成完整的辅助图形系列。

通过“武功小子”的一招一式，将价值支撑体系“一招五式”的文字具象化，传递出武功猕猴桃的品牌核心价值，为消费者做出消费决策提供充足理由，是属于“武功猕猴桃”独特的销售说辞（USP*）。

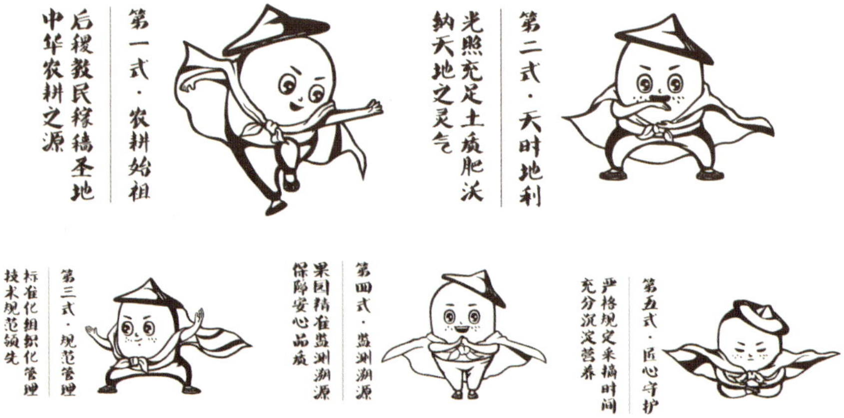

“武功猕猴桃”品牌辅助图形

* USP，即Unique Selling Proposition，独特的销售说辞或主张，是20世纪50年代美国广告大师罗瑟·瑞夫斯（Rosser Reeves）提出的广告创意理论。他认为，广告必须向消费者提出一个独特的能带来销量的卖点。USP理论后经过持续发展，成为揭示一个品牌独特价值和精髓的有效工具。

锡林郭勒羊

一、品牌名称：锡林郭勒羊

“锡林郭勒羊”是内蒙古自治区锡林郭勒盟多个特色优势羊种的统称，主要包括三大品种，分别为苏尼特羊、乌珠穆沁羊和察哈尔羊。2018年5月，锡林郭勒草原羊肉、锡林郭勒肥尾羊获得国家知识产权局商标局核准注册的地理标志证明商标。“锡林郭勒羊”是区域名称加单产业的区域公用品牌。

二、品牌口号：草原上的领头羊；诗与远方，就是我的日常

锡林郭勒盟地处内蒙古自治区中部，是国家重要的畜产品基地，也是距京津冀经济圈最近的草原牧区。“锡林郭勒羊”的优秀品质与其生长环境和饲养方式有密不可分的关系。区别于当前市场上占主导地位的育肥羊，“锡林郭勒羊”真正草原天然放养，吃牧草，喝山泉，自在长大。

尽管现在很多区域都以“草原羊”的概念进行品牌传播，但锡林

郭勒羊在众多草原羊中，毫无疑问是最为特别、最具代表性的那一只。当前，消费者已经逐渐形成“草原羊肉即为好羊肉”的消费认知，但谁是典型的标杆品牌还未确立。

“锡林郭勒羊”是首批“蒙字标”入选品牌，在全国消费市场上，具有相当高的知名度，在色、香、味、质四个方面都具有独特优势，是百年餐饮老字号“东来顺”的指定羊肉，也是中东贵族、沙特王室的供应食材和人民大会堂招待外宾的专用食材。

无论从优质羊种还是从市场地位来看，抑或从生长环境和产品品质来看，“锡林郭勒羊”都为消费者送上了最正统、最优质的“草原羊”。从品牌竞争的角度出发，“锡林郭勒羊”当仁不让地宣示自己的标杆地位，抢占消费者心智，确立品牌口号为“草原上的领头羊”。

品牌口号将“锡林郭勒羊”与育肥羊进行了区隔，凸显“锡林郭勒羊”草原天然放养的特点，在此基础上强调“草原羊”的品质特点，彰显强大的品牌自信。“草原上的领头羊”高度站位，具有“后发先至”的优势，是对其他区域“草原羊”营销传播的价值导流。“草原上的领头羊”既是对品牌产品现状的描述和品质自信，也是对未来品牌发展提出的要求与愿景。

为进一步对接消费者对锡林郭勒草原的消费想象，诉求产品物质功能之外的情感价值，满足都市里快节奏工作、高压力生活的消费者对自由、浪漫生活的向往，“锡林郭勒羊”还确立品牌副口号为“诗与远方，就是我的日常”。

今天的都市消费群体普遍渴望从单调乏味、压力巨大的城市生活氛围里抽离、逃脱，寻求身心的自由和解放。因此，才有了广泛认同、广为传播的网络流行语“生活不只是眼前的苟且，还有诗与远方”“世界那么大，我要去看看”等。

在此背景下，“锡林郭勒羊”力图以羊肉为媒介，撬动目标消费者内心深处对“诗与远方”的渴望。锡林郭勒大草原就是充满诗意魅力的远方，“锡林郭勒羊”则是消费者对接“诗与远方”、远离平庸“日常生活”的契机与仪式。该口号传递出一种积极的生活理念，即无论生活多么琐碎、平庸、乏味，消费者都可以借助美食、借助锡林郭勒羊，发现生活的点滴美好，将原本对立的“诗与远方”和“我的日常”交融起来，让日常也变得充满诗意。

三、品牌符号：品牌LOGO

“锡林郭勒羊”品牌LOGO是一面飞扬的草原旗帜，是游牧民族逐水草而居的象征符号，也是代表行业地位的“领头羊”象征符号。蓝色部分是一个竖起来的大拇指，代表了对羊肉品质的肯定与自信；负形部分是一只羊，表示产业属性；绿色部分则是绿色草原。

品牌LOGO展现了“锡林郭勒羊”在蓝天白云下的草原上奔跑的场景，契合其天然牧养特征，传达出“领头羊”的活力与气质。

“锡林郭勒羊”品牌LOGO

四、品牌符号：品牌辅助图形

“锡林郭勒羊”的品牌辅助图形的创作理念源自锡林郭勒盟当地的重要艺术形式“毛毡画”。传统的内蒙古往往给人们传递出一个硬朗的形象和感受，然而锡林郭勒盟的人文环境在传统的内蒙古特点之外，还兼具质朴与柔软。因此，品牌辅助图形以“毛毡画”的形式将锡林郭勒的蓝天白云、草原河流、蒙古包、牧人和羊群进行表现，展现出清新自然、一碧千里的草原风格，绘就一幅令人向往的诗意远方，与品牌副口号“诗与远方，就是我的日常”相呼应，给人一种想抛却俗世烦恼、纵马驰骋草原的情感冲动。

“锡林郭勒羊”品牌辅助图形

象山柑橘

一、品牌名称：象山柑橘

“象山柑橘”是浙江省象山县的特色优势农产品，2017年9月获得国家工商总局商标局核准注册的地理标志证明商标，2021年入选国家地理标志运用促进工程项目，是区域名称加单产业的区域公用品牌。

二、品牌口号：橘生山海间，味道自然甜

早在2500年前，《晏子春秋》中就有“南橘北枳”的相关记载。这说明，中国人很早就认识到地域和物候对柑橘品质的影响。生长地域是柑橘文化价值的重要标签。明嘉靖年间的《象山县志》中有“橘、柑、橙……金豆出象海山”的记载。可见，象山的海山地貌便是“象山柑橘”具体可感的文化价值来源。

象山作为海滨旅游胜地的形象深入人心。作为区域公用品牌的“象山柑橘”与区域形象之间呈现共生关系。区域形象带给产品和品牌的美好印象，是消费者购买的重要驱动力。在地域与品质休戚相关的柑橘产品中，区域形象对产品特征的影响力更为明显。

地域感是消费者对产品产地的整体印象感知。象山“三面环海一线穿陆”“七山一水两分田”“丘多、山低、坡缓”，其典型特征是“居于山海之间”。在消费者认知中，产地既是柑橘品质的最重要影响因素，也是促使其购买的重要因素，因此，“山海之间”的地理特征可以直接为“象山柑橘”的产品品质背书。

口感是基于柑橘的酸甜比所形成的消费体验。不同的消费群体所追求的柑橘口感有所差异，但消费者调研证实，消费者偏好甜度较高的柑橘，它是消费者购买柑橘的第二大因素（占比63.84%，多选），与最重要的价格因素相当（占比65.47%，多选）。地域优势、果树品种、种植技术三大优势，共同造就了“象山柑橘”甜度较高的品质。

基于消费心理（价值感、口感、形象感、地域感）与“象山柑橘”资源禀赋的梳理，最终确立“象山柑橘”的品牌口号为“橘生山海间，味道自然甜”。这一品牌口号突出“象山柑橘”的生长地域环境，充分利用消费者对山海间的美好联想，诉求消费者对甜度口感的追求，架构起自然环境与柑橘高品质之间的逻辑关系，同时强调甜度的自然赋予性。

三、品牌符号：品牌LOGO

“象山柑橘”的品牌LOGO使用柑橘成熟时橙色和橘树生长时的绿色塑造出一个“可爱”的柑橘笑脸形象，上面是山，下面是柑橘，中间留白似海。品牌LOGO采用倾斜处理，呈现出年轻活泼、清新自然的风格，使整个形象更加灵动。画面中心突出饱满的橘瓣，在表明品牌产品属性的同

“象山柑橘”品牌LOGO

时，也传递出享用柑橘时的愉悦心情。

“象山柑橘”的品牌主形象表明了产品的类别特征、生长的地域环境，传达出享用产品时的美好心情，符号简明，识别度高，能够跨越不同文化的语境，国际化特征明显。

四、品牌符号：品牌辅助图形

“象山柑橘”品牌辅助图形进一步具象表达了柑橘生长的山海地理环境和产业特征：橘瓣（秋之橙色）、太阳（夏之红色）、山丘（春之绿色）、大海（冬之蓝色）。

“象山柑橘”品牌辅助图形设计元素

在配色上，多种色彩的应用，突出了“象山柑橘”清新、活泼的品牌个性，同时有利于抓住消费者眼球，走进消费者心智，通过多种应用场景，促进品牌传播。辅助图形的四种元素，可以根据包装设计的规格、海报条幅的尺寸等进行灵活剪裁和组合，以丰富消费者的品牌形象感知。

“象山柑橘”品牌辅助图形

象山梭子蟹

一、品牌名称：象山梭子蟹

浙江省象山县被誉为“中国渔文化之都”，是“中国梭子蟹之乡”“中国水产之乡”，拥有全国唯一的以海洋渔文化为核心的国家级生态保护实验区。“象山梭子蟹”是象山的特色优势农产品，曾获“农业农村部乡村特色产品”，2009年12月获得国家工商总局商标局核准注册的地理标志证明商标，是区域名称加单产业的区域公用品牌。

二、品牌口号：象山梭子蟹，东海十足鲜；原生蟹，十足鲜

象山县位于东海之滨，北有全国著名的深水良港——象山港，南有全国六大一级中心渔港之一的石浦港，浅海滩涂资源丰富。独特的地理优势使“象山梭子蟹”自然越冬，品质上佳，在众多海产品中脱颖而出，其特色为壳青肚白、色泽鲜艳、肉质紧密、体大膏满、味道鲜美。

消费者调查发现，在新鲜、口感、营养、个头大小等诸多因素中，新鲜是消费者对于海产品最看重的品质，故此有海鲜之说。对于消费者而言，海鲜产品的“鲜”是所有目标消费者的共同追求。

与鼎鼎大名的日本札幌帝王蟹相比，“象山梭子蟹”还具有典型的品类特征，那就是虽同属甲壳纲，但它属十足目。帝王蟹八条腿，它有十条腿。

在综合产地特征（东海）、消费需求（鲜）和品类特征（十足）基础上，确立“象山梭子蟹”品牌口号为“象山梭子蟹，东海十足鲜”。

“东海十足鲜”妙用汉语的“十足”概念，在点出“象山梭子蟹”是“十足”蟹的品类特征的同时，也表达出它是“十足”的鲜，是最高层级的新鲜保证。“十足鲜”是“象山梭子蟹”高品质的表达，也是品牌信心和品牌态度的表达。

为进一步强化“象山梭子蟹”原生东海蟹苗、原生东海水养、原生小虾饲料、原生渔民饲养的产业特征，加强与消费者的沟通，“象山梭子蟹”还确立品牌副口号为“原生蟹，十足鲜”。该口号简短有力，朗朗上口，更有利于传达品牌理念，可以辅助品牌主口号，多维度传达品牌核心价值。

三、品牌符号：品牌LOGO

“象山梭子蟹”品牌LOGO塑造了一个孔武有力的梭子蟹形象，产业属性特征明显。配色上采用大海的深蓝与熟蟹的鲜红，形成视觉张力，产生醒目效果。品牌名称的字体基于象山当地渔船船身上的独特字体设计而成，有棱角，有力量，有地域属性。“东海十足鲜”以印章的形式呈现，是对“十足”品质的信用保证。

象山梭子蟹
XIANGSHAN
SWIMMING CRAB
东海十足鲜

“象山梭子蟹”品牌LOGO

四、品牌符号：品牌辅助图形

“象山梭子蟹”品牌辅助图形再现了象山石浦港全貌，一方面表明梭子蟹的生长环境，另一方面表明产地特征。石浦港是每年一届的中国（象山）开渔节开渔仪式的举办地，在全国享有较高的知名度，也是长三角游客在地尝鲜的好去处，每年从石浦港满载而归的渔船为食客们提供了最新鲜的在地消费。辅助图形采用象山石浦港画面有利于强化原有熟悉的消费认知，为品牌传播提供助力，强化“十足鲜”品牌价值内涵。

“象山梭子蟹”品牌辅助图形

烟台大樱桃

一、品牌名称：烟台大樱桃

“烟台大樱桃”是山东省烟台市的特色优势水果，2007年12月获得国家质检总局批准的地理标志产品保护，保护范围为烟台市现辖行政区域，2009年3月获得国家工商总局商标局核准注册的地理标志证明商标，是区域名称加单产业的区域公用品牌。

二、品牌口号：烟台大樱桃，点亮中国红

中国大樱桃产业的发展是从1871年烟台引种国外樱桃开始的，经过一个多世纪的传播，当初的“一点红”点亮了今天繁盛的中国大樱桃版图，遍植山东、辽宁、河南、湖北、四川、山西等地。

在近几年的流行水果消费中，车厘子（Cherry音译，即樱桃）是一个现象级的存在，成为春节期间很多城市消费群体的礼品。虽是同一个水果，中国的大樱桃却遭到了截然不同的待遇。在消费者认知中，中国大樱桃与进口车厘子似乎不在同一个竞争水平。求其原因，除了音译翻译的洋气，还有对国外水果的认知误区和盲目追捧。

在品种、口味、种植技术等各方面同质化的情况下，国内大樱桃与国外车厘子的市场境况说明了消费者在消费物质之外的情感和认知价值。在这一背景下，审视“烟台大樱桃”，会发现拥有一颗“中国心”恰恰是其差异化的核心价值所在，也是其品牌突围的最佳抓手。

当前，随着国家实力的提升，特别是在2020年新冠肺炎疫情环境下凝聚的民心，中国消费者的家国情怀获得了前所未有的凝聚、提升，国产品牌、国潮消费正在崛起。

为构建“烟台大樱桃”与消费者之间的情感链接，唤起消费者对中国产品和自主品牌的认同，确立其品牌口号为“烟台大樱桃，点亮中国红”。

品牌口号表达了烟台引种大樱桃的开拓历史，是它推动了中国大樱桃产业“从无到有、从弱到强、从暗到明”。“点亮中国红”也代表如今的“烟台大樱桃”通过便捷的物流体系，将一颗颗红色樱桃送到了天南海北的消费者手中，传递这份红色的喜庆。站在樱桃的国际竞争市场上看，“烟台大樱桃”也是代表中国大樱桃产业向世界发出的民族之声。

三、品牌符号：品牌LOGO

“烟台大樱桃”品牌LOGO创意来源于品牌口号“烟台大樱桃，点亮中国红”。“点亮”的传播诉求在于“用光芒照亮”，“烟台大樱桃”正是用自身光芒引领着中国大樱桃产业，即“点亮中国红”。

基于这一品牌理念，品牌LOGO选择了矗立于烟台山上的灯塔作为主视觉元素。这座灯塔是烟台城市的标志，一百多年来，它以自己的光芒指引着无数航船通行。借助“点亮中国红”，使“烟台大樱桃”与烟台灯塔在内在价值上实现了统一。灯塔的底座是烟台拼音的大写缩写“YT”，中部模画灯塔的造型，顶部则是一颗“点亮中国红”的大樱桃，既凸显了烟台的地域文化，也诠释了品牌核心价值。

“烟台大樱桃”品牌LOGO

四、品牌符号：品牌辅助图形

“烟台大樱桃”品牌辅助图形采用中国山水画的风格，呈现了烟台地区的海洋、山峦、灯塔、帆船等代表性元素，近景则是鲜艳欲滴的大樱桃。在配色上，以大海的蓝和樱桃的红为主色调，对比鲜明，有沙画般的质感。红日与樱桃在“点亮”这幅插画的同时，也“点亮”了消费者的美好心情。

“烟台大樱桃”品牌辅助图形

烟台海参

一、品牌名称：烟台海参

“烟台海参”是山东省烟台市的特色优势海产品，2009年5月获得国家质检总局批准的地理标志产品保护，保护范围为烟台市的芝罘区、莱山区等11个县（市、区）现辖行政区域，2018年5月获得国家知识产权局商标局核准注册的地理标志证明商标，是区域名称加单产业的区域公用品牌。

二、品牌口号：烟台海参，鲁菜精华；南来北往，您得尝尝；给家人，吃烟台海参

从哪些消费者会消费海参、在什么场景下吃海参出发，“烟台海参”从生活方式、旅游市场、家庭消费市场三个方向确立了三组品牌口号。

从生活方式上看，鲁菜为四大菜系之首，烟台是中国鲁菜之乡，葱烧海参是鲁菜的经典代表菜之一。不仅如此，烟台的特色饮食文化中还有很多正宗鲁菜菜式都是以海参为食材的。海参营养价值高，价

格昂贵，传统鲁菜是断断少不了的。因此，确立品牌主口号为“烟台海参，鲁菜精华”。这一品牌口号以鲁菜作为参照坐标系，借精华点名海参的稀缺性、价值感、高品质，为品牌价值溢价做好铺垫。

从旅游市场看，烟台是海滨旅游度假城市，年接待游客8000多万人次。旅游人群与注重生活品质的高收入人群具有高度的重合性，他们喜欢四处旅游，看各种美景，品各种美食。面向这一消费人群，确立品牌传播副口号为“南来北往，您得尝尝”，借此向旅游消费者推荐产品，促进在地消费。

从家庭消费市场看，人们日益关注健康。对中高收入家庭的消费者来说，他们尤其关注家人饮食的安全、品质和营养，乐意用更高的价格购买更高品质的食材，给自己和家人以更多关爱。随着人们生活水平的提高，我国海参家庭消费的比重逐渐超过了送礼消费。因此，面向高收入家庭消费人群，确立品牌口号为“给家人，吃烟台海参”。这一品牌口号表明“烟台海参”品质优，值得给珍爱的家人，同时也表明了品牌的态度：珍视家庭，关爱家人。

三、品牌符号：品牌LOGO

“烟台海参”品牌LOGO采用拼音与文字的组合形式，以海参的造型作为字母和文字的笔画。由于海参的颜色会随着生长环境而改变，因此拼音的字母设计采用了深蓝、褐色、紫色、咖啡色等色彩，在整体形象上与“好客山东”的品牌形象保持风格统一，方便后续传播

“烟台海参”品牌LOGO

的组合应用。

四、品牌符号：品牌辅助图形

“烟台海参”品牌辅助图形有二。其一是将烟台海参的产区形象进行符号化设计，塑造了一座盛产海参的城市。在此，海参化身为烟台的山和岛屿，近景岛屿点缀了灯塔，突出“烟台海参”的原产地特征。其二是截取了品牌拼音LOGO的部分设计，放大后形成品牌独有的纹样底稿，延续品牌视觉形象的统一性。两幅品牌辅助图形均采用深蓝色，与品牌LOGO中字体颜色一致，保持画面和谐，调性统一。

“烟台海参”品牌辅助图形

烟台苹果

一、品牌名称：烟台苹果

“烟台苹果”是山东省烟台市的特色优势水果，2002年获得国家质检总局批准的地理标志产品保护，保护范围为烟台市现辖行政区域，2008年获得国家工商总局商标局的地理标志证明商标，2018年获得农业农村部农产品地理标志登记，是烟台市最重要的区域名片，2011年荣获中国驰名商标。

二、品牌口号：中国第一个苹果，烟台苹果；中国苹果发源地

“烟台苹果”有140多年的历史，名声在外，产业规模在全国地级市中属最大。品牌重塑前的实地调查发现，“烟台苹果”有如此大规模的体量，却因各县域产区的竞争，未能形成一致的市场合力。

面对陕西、河南、山西等苹果大产区的竞争，“烟台苹果”亟须能够凸显其自身行业地位、历史文脉和产业特征的核心价值，整合全域苹果产区资源，共同直面竞争对手。

梳理资源禀赋后可见，无论是历史渊源、生长环境、产业规模、产品品质还是管理技术，“烟台苹果”都是当之无愧的“第一”。“第一”既是“烟台苹果”最突出的历史地位，也是其“第一”的行业地位。“烟台苹果”将消费者缺乏认知的历史文化地位和市场中较少提及的行业地位进行结合，在低调深耕苹果产业多年后，以一种自信的姿态向世界宣示品牌的核心价值。因此，本案确立“烟台苹果”品牌口号为“中国第一个苹果，烟台苹果”。

在品牌传播过程中，品牌副口号“中国苹果发源地”进一步注解了“烟台苹果”的核心价值所在，增强了品牌传播的说服力，强调了“烟台苹果”品牌的深远文脉。

三、品牌符号：品牌LOGO

“烟台苹果”品牌LOGO将苹果形象与世界范围内普遍表示赞赏的大拇指形象进行巧妙结合，以圆滑的线条一笔勾勒完成，创制出专属于烟台的“大拇指苹果”形象，它在为“烟台苹果”优良品质点赞的同时，也向消费者传递出愉悦的消费体验。

“烟台苹果”品牌LOGO

“烟台苹果”LOGO在配色方面选择了象征热情和代表“烟台苹果”主要品种红富士的鲜红色，衔接“好客山东”的热情和产品本身的色彩特征，方便品牌传播与消费者记忆。品牌主形象下方辅之以品牌副口号“中国苹果发源地”，进一步阐释了形象内涵。

四、品牌符号：品牌辅助图形

“烟台苹果”品牌辅助图形采用了图文结合的表达方式，与品牌LOGO色调完全统一，通过版面设计描绘了烟台苹果的历史、环境、技术等价值支撑，阐述了品牌口号中“第一”的来源，将“烟台苹果”得天独厚的优势完全呈现给消费者。

辅助图形的细部文案从现代苹果传入烟台的历史和烟台苹果的种植管理技术、自然环境、产业规模、品牌价值、品质口感等各方面，向消费者传递“烟台苹果”的价值来源，配以烟台代表性的地标元素，强化消费者的品牌想象。

“烟台苹果”品牌辅助图形

盐池滩羊

一、品牌名称：盐池滩羊

“盐池滩羊”是宁夏回族自治区吴忠市盐池县的特色优势畜牧产品，2005年6月获得国家工商总局商标局核准注册的地理标志证明商标，2008年8月获得农业部批准的农产品地理标志保护，2016年2月获得国家质检总局批准的地理标志产品保护，保护范围为盐池县花马池镇、大水坑镇等全县8个乡镇的现辖行政区划，是区域名称加单产业的区域公用品牌。2017年，盐池县入选农业部中国特色农产品优势区名单（第一批）。

二、品牌口号：盐池滩羊，难得一尝

盐池县地处宁夏回族自治区东部，是陕甘宁蒙四省（自治区）交界之地。这里生长的“盐池滩羊”起源于我国三大地方绵羊品种之一的蒙古羊，是在盐池及周边地区独特的气候环境下，经过漫长的风土驯化和当地农牧人的精心培育而形成的特殊品种，2000年被农业部列为国家二级保护品种。“盐池滩羊”毛色洁白、光泽如玉，羔羊长至30

日龄左右，毛股形成花穗状弯曲，十分美观。“盐池滩羊”肉质细嫩多汁、无膻腥味，具有较强的养生及保健作用。

盐池冬长夏短，日照充足，蒸发强烈，盐湖环绕。盐池滩羊成长过程中饮用的是盐湖的天然弱碱性水，吃的是盐州草原上的170多种优质牧草，其中100多种都是中草药材，能够更好地均衡肉质营养。

“盐池滩羊”是单胎动物，一年只产一胎，一胎仅产一只羊崽，其养殖规模和出栏量都十分有限，在当下的羊肉市场中较为稀缺。正是因为盐池滩羊肉的稀缺性，消费者不易品尝到正宗的盐池滩羊肉。

因此，本案确立“盐池滩羊”品牌口号为“盐池滩羊，难得一尝”。品牌口号表达了因特有的气候、碱水、饲草、羊种、育养、产量等因素所形成的盐池滩羊肉的独特性和稀缺性：它不是日常生活中可以经常吃到的滋补美味食材，而是偶尔得以品尝的极品羊肉，借此传达出它的卓越品质和非同一般的溢价能力。

三、品牌符号：品牌LOGO

“盐池滩羊”品牌LOGO以线条的形式勾勒了一只羊的形象，其中下半部分镶嵌了盐池滩拼音的大写缩写“YCT”，配合品牌名称，表明产品的来源地。该品牌LOGO自2005年起就获得了地理标志证明商标，并随后授权给多家企业使用，在营销传播活动中获得了广泛的应用，于2010年获得了“中国驰名商标”称号，为品牌积累了广泛的知名度和美誉度。

“盐池滩羊”品牌LOGO

四、品牌符号：品牌辅助图形

“盐池滩羊”注册商标虽然在各种传播媒介、产品包装上应用较多，但显著度和识别度不足，难以对接当下消费者的审美偏好，差异化形象难以形成。

为此，“盐池滩羊”抓住滩羊的外貌特征，通过对“盐池滩羊肉”五个字的巧妙设计，勾勒出一只形神兼备的“盐池滩羊”形象，作为品牌传播的辅助图形，形成品牌的超级符号。

品牌辅助图形表现了“盐池滩羊”腿短、尾大、毛卷的品种特征，以“宁夏”红色印章为区域背书，强化盐池的地理位置和气候环境。借助辅助图形这一超级符号，“盐池滩羊”实现了与消费者更好地沟通与对话。

“盐池滩羊”品牌辅助图形

宜昌宜红

一、品牌名称：宜昌宜红

“宜昌红茶”简称宜红，是中国最具代表性的功夫红茶之一。“宜昌宜红”是湖北宜昌市的特色优势茶叶产品，诞生于19世纪中叶，已有近200年的历史。“宜昌宜红”于2020年4月获得农业农村部农产品地理标志登记保护，保护范围为夷陵区、五峰县等9个县（市、区）的74个乡镇和街道办事处，是区域名称加单产业的区域公用品牌。

二、品牌口号：宜山宜水宜红茶

宜昌是中国古老的产茶区之一，“宜昌宜红”在产区、产业、产品等方面均呈现出明显的特色与优势。

在地理环境方面，宜昌武陵山水、清江画廊所营造的立体气候，加上以弱酸性为主，富含锌、硒等微量元素的种植土壤，以及400～1000米的种植海拔，成就了适宜红茶生长的绝佳环境。

在工艺历史方面，始于19世纪中叶的“宜昌宜红”茶产业，在百余年的发展历程中所形成的机械化生产线是现存生产线中最为古老的红茶传承工艺，是中国罕见的工业活态遗产。历史上，“宜昌宜红”就是万里茶道的主力军，是中西方文明交流的重要载体。

在消费趋势方面，随着消费者健康消费意识的觉醒和多元消费形态的出现，红茶暖胃温补的特性使它成为茶叶六大类产品中重要的增长点。“宜昌宜红”茶形条索紧细有金毫，色泽乌润，香甜纯高长，味醇厚鲜爽，汤色红亮。下了无数功夫的宜昌工夫茶，拥有四海皆宜、老少皆宜的上等品质。

因此，为进一步彰显“宜昌宜红”在宜红茶市场中的正统地位，确立其品牌口号为“宜山宜水宜红茶”。

品牌口号从宜昌山水生态环境切入，阐释了“宜昌宜红”的多重品牌价值内涵。首先强调了宜昌千里巴山、巍巍武陵、西陵山水、清江画廊所构筑的宜昌红茶的生长环境，正因为宜昌的好山好水，才有了宜红好茶，凸显宜昌产区的独特价值。其次强调了好山好水与宜红茶之间的匹配性、适宜性。宜昌具备的九种类型土壤多是pH在4.5～6.5的弱酸性土壤，适宜茶叶生长。再次强调了只有宜昌山水出产的宜红茶才是正宗的宜红茶，以此宣示“宜昌宜红”的正统地位，并巧妙地将宜昌山水化用为宜山宜水，强化品牌口号传播时的节奏和韵律。

三、品牌符号：品牌LOGO

“宜昌宜红”品牌LOGO进一步强化了品牌的红茶产业属性和宜昌的区域属性。图形整体上是一片茶叶，色调上以深红、橙红、橙黄为主，是宜昌红茶冲泡汤色的依次渐变色。品牌主形象中的负形植入“宜昌”二字及其拼音的首字母，加强区域的识别性。“昌”字以我国青铜器中的“回纹”样式进行表现，以表现“宜昌宜红”对红茶历史文脉的传承和品质感。“回纹”因其一笔勾连到底，在中国民间被称为“富贵不断头”的吉祥纹样。

与此对应，品牌名称也采用了“回纹”图样，重点突出宜红产品属性，以便于在消费市场中赢得认知先机。“宜昌1824”印章，回溯了品牌的历史底蕴，向消费者传达宜昌自古产好茶的价值理念，呼应“宜山宜水宜红茶”品牌口号。

“宜昌宜红”品牌LOGO

四、品牌符号：品牌辅助图形

“宜昌宜红”品牌辅助图形依托中国传统文化符号“玉璧”的形状设计而成，取“玉是‘山川的精华，上天恩赐的宝物’与圆满、幸福”的寓意，象征“宜昌宜红”亦是茶中精品。

“玉璧”除了表现茶马古道等茶产业历史元素外，还融合了宜昌的多种代表性文化元素。宜昌是历史文化名人屈原和民族团结使者王昭君的故里，在楚文化的影响下亦有“楚人好玉好凤”的传统。这些重要的文化元素与宜昌黄陵庙、汉阳桥、渔洋关码头等地标元素一起成为辅助图形的表现对象，共同诉说品牌深厚的历史文化底蕴。

“宜昌宜红”品牌辅助图形

运城面粉

一、品牌名称：运城面粉

“运城面粉”是山西省运城市基于全市小麦产业优势、发展趋势和面粉消费需求，为推动区域小麦产业高质量发展而打造的单产业农产品区域公用品牌。小麦作为人类三大主粮之一，是影响粮食安全的大宗农产品，在终端消费市场主要以面粉的形态进行销售，在消费感知中具有很强的同质化特征。随着人们生活水平的提高和对精致生活的追求，对各种功能性和高品质面粉的需求日益旺盛，面粉品牌化的内在驱动力也在增强。

2020年2月，“运城面粉”获得国家知识产权局商标局核准注册的地理标志证明商标。

二、品牌口号：山西面食，运城面粉

面粉产品的特殊性在于它改变了初级农产品的形态，但消费者又不能直接食用，必须加工成各种各样的面食产品。这就使得消费者无法直接感知小麦或者面粉的性能、口感差异，必须借助面食这一中介。

得益于特殊的旱作地理环境和优质丰足的小麦资源，山西经过2000多年的农耕文化沉淀和饮食文化创新，形成了别具一格的山西面食，并获得了“中国面食之乡”的称号。即使与同处在面食饮食圈的陕西、山东、河南等地相比，山西面食也毫不逊色，不仅烹饪方式多样，口感各异，辅料搭配多样，营养丰富，还拥有深厚的文化内涵。故有“世界面食在中国，中国面食在山西”的说法。

山西面食不仅品牌知名度高，且消费认知积极正面。调查显示，消费者对山西面食的印象普遍是筋道、好吃、种类多。“运城面粉”是山西面粉的主力军，产量占山西省总产量的一半以上，是山西优质面粉的代表之作，是山西人制作当地面食最普遍、原生、适宜的材料。面食与面粉之间有着天然的逻辑关联联想。

因此，“运城面粉”借势山西面食，在更大的区域声誉坐标系中定位自身，确立品牌口号为“山西面食，运城面粉”。

品牌口号采用比附定位的方式，借助广为人知的山西面食品牌声誉，突出“运城面粉”的高品质，体现“中国面食在山西，山西面粉数运城”的逻辑关联。

三、品牌符号：品牌LOGO

“运城面粉”品牌LOGO融入了“山”“西”“运”“面”四个字，通过创意组合形成近似文字的图形标识，顶部图形元素取自运城地标建筑、中国四大名楼之一的鹳雀楼和运城另一知名建筑永乐宫的外形轮廓，具有很强的文化属性和区域属性。

“运城面粉”品牌LOGO

品牌LOGO图标简洁明了，富有对

称之美，整体风格沉稳大气，恰似信用印章，强化“运城面粉”的品质感与信赖感。图形底部是品牌名称“运城面粉”，其字体笔画细节进行了设计处理，笔锋边角上扬，如运城古建筑屋檐的形状，与品牌主形象保持和谐统一。

四、品牌符号：品牌辅助图形

“运城面粉”品牌辅助图形以夸张的手法放大了一杆麦穗，环抱着运城的山水大地，象征着运城这片土地上绵延千年的以小麦为主导产业的农耕文明。

辅助图形在刻画运城群山起伏、黄土高原和山谷盆地等地形地貌特征的同时，将奔涌而来的黄河水作为视觉焦点，寓意这片丰饶的土地得益于黄河及其支流汾河的滋养灌溉。辅助图形色彩饱满，成开放态势，也将运城的文化地标后土祠、鹳雀楼等融入其中，增强了运城的区域辨识度，有千年运城的古朴之感，也有三晋麦仓的绿色生机。

“运城面粉”品牌辅助图形

运城苹果

一、品牌名称：运城苹果

“运城苹果”是山西省运城市的特色优势水果产品，2018年8月获得国家知识产权局商标局核准注册的地理标志证明商标。运城市下辖的万荣县、临猗县、芮城县、平陆县所产的万荣苹果、临猗苹果、芮城苹果、平陆苹果均获得了农业部批准的农产品地理标志登记保护。“运城苹果”是运城市集聚全域优势资源，推动苹果产业高质量发展而打造的单产业区域公用品牌。

二、品牌口号：因运而生，匠心成果

从“运城苹果”的资源条件和发展现状来看，其特点可以概括为四个方面。

在文脉渊源上，“运城苹果”的生长地是一片浸润着悠久华夏文明的土地，在这里，根祖文化、嫘祖文化、关公文化、盐运文化、后稷农耕文化等生生不息，薪火相传。

在生长环境上，运城是世界公认的苹果种植黄金地带，土层厚、光照足、雨量适中、海拔高、温差大，且每一颗苹果都享受黄河水的灌溉和黄土地的滋养。

在种植技艺上，“运城苹果”的种植者秉持农业始祖后稷的匠人情怀，辛勤耕耘，同时采纳吸收新的管理方式和管理技术，呵护每一颗苹果生长。

在消费市场上，“运城苹果”积极走出去，开拓长三角、珠三角、京津冀等国内都市市场，借助“一带一路”倡议，参与国际市场竞争，以高品质赢得消费者认可。

由此可见，“运城苹果”是一个集天运、地运、人运、时运于一身的苹果，天生不凡。因此，确立其品牌口号为“因运而生，匠心成果”。

“因运而生”谐音“应运而生”，一语双关，意为“运城苹果”因运城这片与众不同的土地而生，集天运、地运、人运、时运于一身，能够对接消费者祈求好运的消费心理。“匠心成果”表达了苹果高品质的人为因素，即农人匠心。

三、品牌符号：品牌LOGO

“运城苹果”品牌LOGO紧紧围绕“运”做文章，采用喜庆的中国红和“祥云托日”意象，塑造了一片祥云之上的苹果形象。祥云是运城古建筑里常见的一种纹样设计，喜庆又有祥瑞之意，具有广泛的集体认知。

太阳乃万物生长之源，寓意5000年文明的运城是华夏农耕文明的起源，与祥云组合，有蒸蒸日上、平步青云等美好寓意，与“因运而生”匹配度高。“运城苹果”品牌主形象简单大气，寓意吉庆祥和，识别度高，有利于产生品牌记忆。

“运城苹果”品牌LOGO

四、品牌符号：品牌辅助图形

“运城苹果”品牌辅助图形同样紧扣祥云纹和“运”的美好含义，创意出发点源于运城最具代表性的永乐宫壁画图，采用永乐宫壁画的风格，结合祥云和苹果树枝的形态，创制出吉庆祥瑞的“玉如意”造型。

“玉如意”的视觉中心是一个造型近似品牌LOGO的鲜红苹果，在绿叶和黄色祥云的点缀映衬下，分外吸引眼球。祥云的配色介于金黄色和土黄色之间，贵气有质感，又不至夺了苹果的视觉焦点。

“运城苹果”品牌辅助图形

中卫硒砂瓜

一、品牌名称：中卫硒砂瓜

“中卫硒砂瓜”是宁夏回族自治区中卫市的特色优势西瓜，2018年7月获得农业农村部批准的农产品地理标志登记保护，保护范围包括中卫市所辖3个县（区）10个乡镇124个行政村，是区域名称加单产业的区域公用品牌。

二、品牌口号：石缝硒瓜，天赋臻品

中卫市位于宁夏中西部，属于宁夏平原向黄土高原的过渡带，有“沙漠水城”“中国塞上硒谷”之称，地处北纬37°附近，光热条件优越，海拔1000多米，昼夜温差大，降水少，有利于西瓜营养和糖分的积累。

中卫有200多年的硒砂瓜种植历史。当地农人探索出了在干旱地区种植西瓜的技术，即通过在土壤上覆盖砂石的方式（压砂）以达到节水、保墒的效果。特殊的气候条件、天然富硒土壤再加上特有的“压砂”种植技术，使得中卫生产的硒砂瓜个大味美，糖分含量和硒含量都很高，是名副其实的“硒瓜”臻品。

因此，确立其品牌口号为“石缝硒瓜，天赋臻品”，强调其生长环境的独特性和富含硒元素的品质特征。

为进一步突出“中卫硒砂瓜”沙甜品质的来源，塑造其差异化的核心价值，反映其逆境环境下艰难成长的个性特征，诠释硒砂瓜名称与种植技术之间的逻辑关系，本案还确立了品牌副口号“十分甜的石缝瓜”。“十分甜”可以理解为特别甜，也有甜的最高级之意。“石缝瓜”通过创造新概念，点出干旱地区压砂地种植技术，为“十分甜”提供事实依据，同时区别于其他西瓜品种。

三、品牌符号：品牌LOGO

“中卫硒砂瓜”品牌LOGO以硒砂瓜硕大椭圆的外形轮廓为表现对象，紧扣“人人夸”的品牌口号，用表示人人满意的“100”来呈现，寓意获得满分好评。

品牌LOGO设计对“1”进行了变形处理，代表中卫市拼音首字母“Z”；对“0”进行具象表现，显示其产品特征；加盖“硒”字印章，表明其富硒特征，有益于消费者身体健康。

“中卫硒砂瓜”品牌LOGO

四、品牌符号：品牌辅助图形

“中卫硒砂瓜”品牌辅助图形是一个骆驼造型。骆驼是干旱、沙漠地区最具象征性的代表元素，有强韧的生命力、耐渴力和运输力，有“沙漠之舟”的美誉，在韧性与意志上与长于石缝之间的硒砂瓜是相通的。

品牌辅助图形选取了中卫市双峰骆驼形象，描绘了中卫的大漠、黄河、高山、绿洲等地貌特征和瓜果满园的物产特征。骆驼形象作为品牌的超级符号，有利于在消费者和品牌之间建构起消费联想，即中卫硒砂瓜是来自干旱地区的西瓜，那里干旱少雨，蒸发强，因而生产的西瓜特别甜。

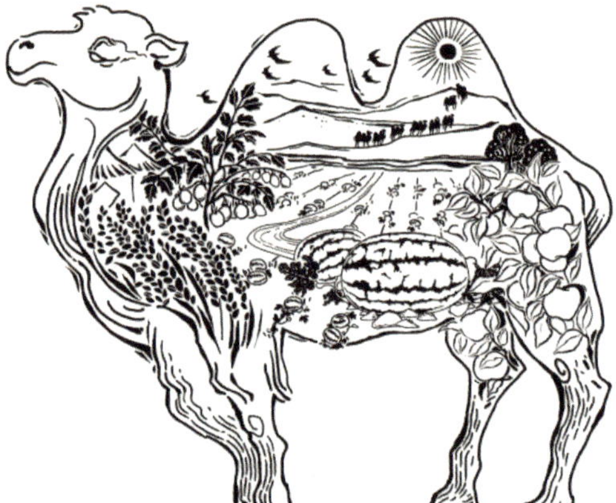

“中卫硒砂瓜”品牌辅助图形

周至猕猴桃

一、品牌名称：周至猕猴桃

“周至猕猴桃”是陕西省西安市周至县的特色优势水果产品，2007年3月获得国家质检总局批准的地理标志产品保护，保护范围为周至县的楼观镇、司竹乡等18个乡镇现辖行政区域，2019年2月获得国家知识产权局商标局核准注册的地理标志证明商标，是区域名称加单产业的区域公用品牌。

二、品牌口号：周至猕猴桃，鲜甜自有道

周至是中国猕猴桃之乡，也是我国道教文化的发祥地，相传老子就是在这里撰写《道德经》并向弟子们传授，至今仍保留许多与道家文化息息相关的历史遗址和重修楼殿，如宗圣宫遗址、终南山古楼观、老子祠、老子墓、斗姥殿等。周至的历史人文建筑中处处渗透着道家阴阳相生、太极演化的思想。

道家“道法自然”的思想也体现在农人对待农作物的辛勤耕耘上。周至的土壤、水、海拔、温度、光热条件均符合或优于猕猴桃

最佳适宜区生态条件。周至兼有秦岭山地、黄土高原、渭河平原三种自然地貌，属于关中平原典型的富水区，猕猴桃种植区主要位于以黑河为代表的“九口十八峪”冲积而成的秦岭山前平原。绵延高耸的秦岭成了猕猴桃天然的生物风障，减少了春夏季大风带来的自然灾害。

所有这一切构成了“周至猕猴桃”生产的“道”，它不仅是道家看待自然与社会的运行规律，也是猕猴桃卓越品质的来源，概括起来，就是顺天时、聚地气、循根源、承道韵、正心意、明技艺，只为一颗鲜甜好果。基于“周至猕猴桃”的这些差异化禀赋，结合其品质特点，确立其品牌口号为“周至猕猴桃，鲜甜自有道”。“鲜甜自有道”是说一系列的资源禀赋和种植技艺保证了其鲜甜品质自有出处，也说明这里来自道家文化发源地、遵循道家自然农法的原生态高品质好果。

在品牌传播中，“鲜甜自有道”具有广阔的延展演绎空间，既代表道家的文化属性、种植技术的有道，也代表对产品品质的坚守和对消费者负责的态度。

三、品牌符号：品牌LOGO

“周至猕猴桃”品牌LOGO从周至的自然山水中汲取灵感，将区域的重要地标“秦岭山脉”，以及猕猴桃生长的关键要素“阳光、耕地、水流”融入品牌标志中。

品牌LOGO通过猕猴桃果肉切面的形式，将上述元素有机整合并予以统一表达，形成自在的山水环境生态圈，重点突出秦岭山脉“九口十八峪”冲积而成的山地平原特征。这一环境特征就是“鲜甜自

“周至猕猴桃”品牌LOGO

有道”的重要来源。

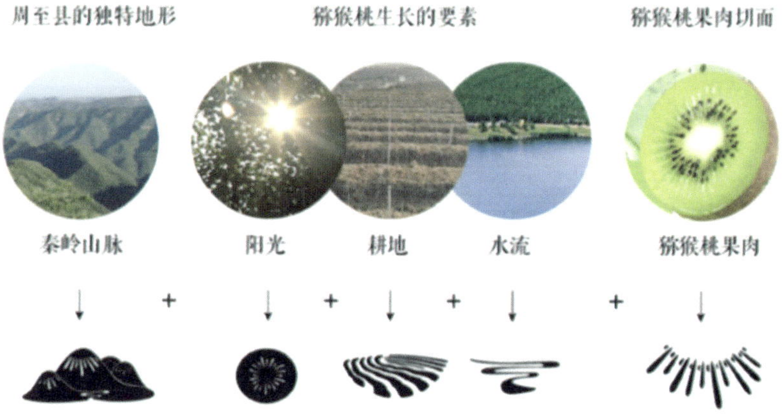

“周至猕猴桃”品牌LOGO设计元素

四、品牌符号：品牌辅助图形

“周至猕猴桃”品牌辅助图形用更丰富的插画元素强化了秦岭山下猕猴桃种植的生产环境，描绘了农人耕作、道人传道、果树丰收的场景，并融入当地国宝级动物金丝猴的元素。

“周至猕猴桃”品牌辅助图形

中篇

ZHONGPIAN

多品类农产品区域公用品牌

巴味渝珍

一、品牌名称：巴味渝珍

“巴味渝珍”是重庆市打造的覆盖整个直辖市全区域的多品类农产品区域公用品牌，当前已在多个品类注册了一般商标。

重庆简称“渝”，亦简称“巴”或别称“巴渝”。因三峡地区是我国古代重要的岩盐产区，而盐是古代社会最为重要的战略物资，所以在商代至西周时期，重庆的巫山地区催生了灿烂的巴国文明。后来巴国版图不断扩展至今日重庆的涪陵、渝中等多个区域，与楚国常年争战，直至为秦所灭。但崇武尚勇的巴国文明影响至今。

在漫长的历史中，每个区域都形成了自己独特的气质和底蕴。生于斯长于斯的农产品也不例外，同样带有这片热土的印记。对于重庆的农产品而言，自然是这方水土风物的味道。

从区域背书价值和兼顾商标注册风险的角度，本案采用重庆的简称，确立重庆农产品区域公用品牌名称为“巴味渝珍”。“巴味”传达的是重庆人独有的人生况味，“渝珍”传达的是重庆农产品的山珍百味，因为重庆也称“山城”。二者结合实现了重庆农产品的消费体验、人生体验与农产品的丰富性、珍稀性的统一表达。

农产品区域公用品牌的重要特征是，城市为品牌背书，品牌为城市代言。“巴味渝珍”带着重庆的印记而生，又将成为重庆新的印记。

二、品牌口号：活得浓墨重彩，吃得淋漓痛快

重庆，中国的第四个直辖市，一颗耀眼的西部明珠，以其波澜壮阔的历史和日新月异的发展为世人所瞩目。崇武尚勇的巴国文化、坚韧不屈的川江号子、壮阔秀丽的大山大河、救国于危难时的战时陪都、吃苦耐劳的“棒棒军”、积淀深厚的红色文化、立体魔幻的现代都市、璀璨夺目的“小香港”、举世瞩目的移民工程，如此等等。关于重庆的认知标签那么多，每一个都是重庆呈现给世人的浓烈表达。

重庆具有其他城市无法比拟的大山大水相融的鬼斧神工，这是自然环境上的浓墨重彩；重庆自巴国之始到三国风云，从战时陪都到最年轻的直辖市，在中国的历史进程中始终居于举足轻重的地位，这是历史文脉上的浓墨重彩；重庆人一方面脾气火爆、直言快语，一方面吃苦耐劳、坚韧不屈，这是生活性格上的浓墨重彩；重庆火锅荟萃万千精彩食材，容纳百般浓郁滋味，且拥有最热烈的食用环境，这是饮食文化上的浓墨重彩。

因此，从自然环境、历史文脉、生活性格、饮食文化等方面出发，确定“巴味渝珍”品牌口号为“活得浓墨重彩，吃得淋漓痛快”。

“活得浓墨重彩”表达的不仅仅是重庆自身的自然环境、历史文脉、生活性格、饮食文化等内容，更是向消费者传达了一种积极的价值观与人生观：在复杂多变的世界中，要努力生活，创造价值，为自己的人生乃至世界留下浓墨重彩。随着生活水平的提高和经济支付能力的增强，在安全性得以满足的前提下，消费者亦追求个性化、情感化消费，偏爱有生活态度和情感、与个人价值观相符的农产品及其消费方式。

“吃得淋漓痛快”表达的也不仅仅是重庆丰富多样的农产品以及火辣独特的饮食方式，更是向消费者传达一种无需担心质量安全、只管尽情享用的消费体验。近年来，质量安全已经从农产品消费的底线跃升至影响购买的关键因素，能否吃得放心、安全已成为众多消费者购买农产品时最为关心的需求。

三、品牌符号：品牌LOGO

“巴味渝珍”品牌LOGO从古老的巴渝文化符号“手心纹”中汲取灵感，取“得心应手”之意，隐喻消费者挑选重庆品牌农产品时的选择多样性、品质安全性、体验舒适性、消费愉悦性。品牌主形象的下半部分是一片叶子形状的图形，表明品牌农产品的类别属性。上下两个部分通过变形和组合，构成一个“巴”字，体现品牌的区域背书。

在色彩上，品牌主形象突破常规，大胆采用红配绿的配色，既和谐醒目，又独树一帜，与品牌的核心价值、品牌口号等一脉相承。

品牌名称的字体来自王羲之碑帖汲字，圆润，典雅。整体形象虚实相融，兼有具象的识别度与丰富的想象空间，同时也给人简约大方的感觉，便于传播记忆。

巴味渝珍
CHONGQING

“巴味渝珍”品牌LOGO

四、品牌符号：品牌辅助图形

“巴味渝珍”品牌辅助图形紧紧围绕“浓墨重彩”展开创意，大胆创新，采用多彩丙烯泼墨的方式，形成带有油画风格、色彩高度饱和、对比异常鲜明、视觉张力极强的浓墨重彩图。在此基础上，以重庆代表性地形地貌（如天坑、三峡、三江汇聚、金佛山等）为蓝本，截取其中部分图形，寻求这些图形与地形地貌的相似或匹配关系，再依据色彩与农产品之间的关系，确定“巴味渝珍”旗下多个品类的品牌辅助图形。

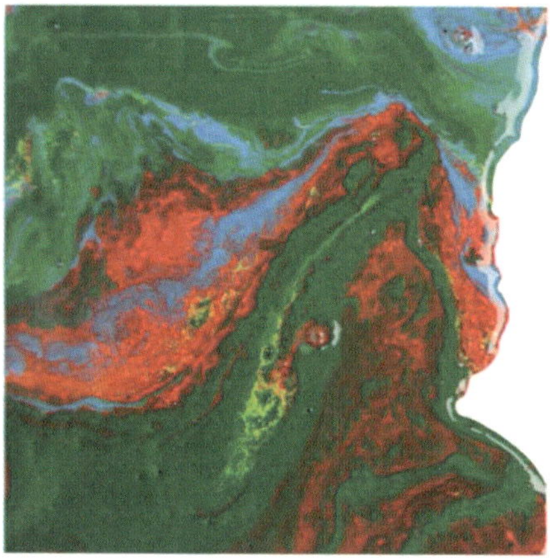

“巴味渝珍”品牌辅助图形

毕节珍好

一、品牌名称：毕节珍好

“毕节珍好”是贵州省毕节市打造的多品类农产品区域公用品牌，采用区域名称加山地农产特征的品牌命名方式。

“好”是消费者对于购买产品的主观评价，纵观主流市场的品牌传播及产品认知，消费者对所购买的产品表现出喜爱的直接评价是“好”，更进一步评价则为“真好”。“真好”是大众消费者对优秀产品和优质品牌最为直观的认知与表达。

基于此认知，命名方案的创意核心即为“真好”。从“真好”这一创意核心出发，结合毕节农产品以山珍为主且产量较为珍稀的产业特征以及“生态农产珍品”的品牌定位，确定品牌名称为“毕节珍好”。

“毕节珍好”，即“毕节真好”，象征毕节天时、地利、人和俱佳，能让消费者由衷地赞叹。“毕节珍好”，亦是“毕节山珍好”，即毕节出产的山珍农产品都是优质的原生态农产珍品。

二、品牌口号：乌蒙山宝，毕节珍好

消费者测试显示，毕节作为一个区域概念，在全国范围内的消费者认知度并不高。因此，需要一个具有广泛认知的区域或地标概念为毕节提供地理坐标，带动“毕节珍好”的传播。

“乌蒙磅礴走泥丸”因被毛泽东写入诗词《七律·长征》中而广为人知。“乌蒙”是云贵高原的主要山脉之一，是区域最具有识别度的代表性地理景观，在全国范围内具有较高的知名度。然而，乌蒙山地区覆盖川滇黔三省多县市，“乌蒙”也是多方争抢的资源对象。因此，在借助乌蒙确立地理区位坐标后，还必须点出毕节与之相对应的位置关系。

基于此，确立毕节市农产品区域公用品牌的品牌口号为“乌蒙山宝，毕节珍好”，既借用了乌蒙山这一消费者熟知的意象，强调其片区农产品的山地和品质特征，又进一步强调了毕节市农产品的珍稀特征。“乌蒙山宝，毕节珍好”，意即乌蒙山区出产众多优质农产品，毕节的生态农产珍品尤为出众。

在品牌传播中，品牌名称作为品牌口号的一部分进行传播，有利于增强品牌名称的曝光度，加深消费记忆。

三、品牌符号：品牌LOGO

“毕节珍好”品牌LOGO以大众对毕节的直观印象为创意来源，呈现出“原生态与绚烂多彩”的特征和云雾缭绕的高山意境。LOGO的构成元素以抽象的山形、流云象征乌蒙山区的神秘感及产地特征。

在配色上，红色寓指这里是革命圣地，红色文化底蕴深厚；黄色寓指原生土地，丰收田野；绿色寓指原生态生长环境，绿色农产品质；

多种色彩共同表现毕节物产丰富，象征民族文化绚烂多彩。

此外，品牌LOGO将“乌蒙山宝”融入品牌符号设计，在视觉上营造出山的高耸感，又作为背景突出毕节，有助于增强消费者的品牌认知和传播推广。

“毕节珍好”品牌LOGO

四、品牌符号：品牌辅助图形

“毕节珍好”品牌辅助图形采用了极简主义风格的色块表达，在与品牌LOGO主形象统一色系和色调的基础上，增加了一点蓝色，将绚烂多彩的民族文化和丰富多样的山珍农产特征呈现出来，以丰富品牌在产品包装、物料应用及相关衍生品上的视觉效果。

在实际应用中，可以通过放大或呈现不同部位的不规则色块，形成组合多样又调性统一的视觉识别。纯粹的色块应用在视觉识别上能够跨越文化交流的障碍，形成一种源于民族绚烂多彩的国际化表达。

“毕节珍好”品牌辅助图形

苍农一品

一、品牌名称：苍农一品

“苍农一品”是浙江省苍南县打造的多品类农产品区域公用品牌，于2017年11月已注册多个品类的一般商标。

“苍”在《说文解字》中解释为“艸（草）色也”，指草的深绿色，后引申为青黑色，亦有年迈、年老之意。作为名词，“苍”还有普通百姓的含义。因此，“苍农”既是深绿色的田园草木（农业特征），也可以理解为苍南县的老农（人物特征）或苍南县的农产品（产品特征）。苍南县的农产品区域公用品牌自然姓“苍”，与“苍”密切相关，这是苍南县委、县政府智慧的结晶。

“一品”在汉语语境里原指古代官品等级的最高级，后引申为一等的、第一的、最高等级的代名词。“苍农一品”意指苍南农产品品质一流，堪称一品，是产品品质保障的背书；也可指苍南农人用心耕耘，在农产品中注入一等心血，是农人情感传达的载体。

二、品牌口号：访山问海，一品相伴

苍南属于温州，因在玉苍山之南而得名，温州人历来有走南闯北、外出经商的传统，苍南农产品是其与家乡的乡情乡味乡愁链接的载体。另一方面，苍南也是一座充满人情味、风景优美的依山傍海小城，有一定的游客群体，苍南农产品是其了解苍南饮食文化的窗口。

苍南农产品的目标消费群体主要为温州人和外地游客两类人。从唤醒温州人对于家乡的记忆、强化外地游客旅游地体验的角度出发，确立“苍农一品”品牌口号为“访山问海，一品相伴”。“访山问海”既是指温州人翻山越岭、远渡重洋，在世界各个角落生根发芽，也是指外地游客来苍南登山观海，休闲度假。“访山问海，一品相伴”意味着在追求人生理想和个人价值实现的同时，始终有来自家乡味道的陪伴，也应当志存高远，向事业的最高处攀登，是温州人拼搏奋斗、开创事业的精神写照。

三、品牌符号：品牌LOGO

苍南地处玉苍山之南、东海之滨，兼得山海之精髓，所出产的农产品品类丰富，既有山珍，又有海味。结合品牌口号“访山问海”，品牌LOGO提取了与农业息息相关的视觉元素山、海意象，以及寓意五谷丰登美好祝愿的粮仓图形。

“苍农一品”品牌LOGO

品牌LOGO还考虑到苍南县的代表性文化特征，将仍在传承的木活字印刷术的字模形象融入其中，在配色上，采用当地千年印染工艺、国家级非物质文化遗产蓝夹缬的深蓝色。

品牌LOGO构成了一个写意的“苍”字，在深蓝底色的映衬下，构成了一个木活字印刷的字模，象征着苍南农产品区域公用品牌对经典的传承、对品质的坚守和对信誉的承诺。

四、品牌符号：品牌辅助图形

“苍农一品”的品牌辅助图形像一个品牌产品家族的图腾和徽章，以极其对称的形式表现了“苍农”捕鱼、耕作和活字印刷的情形。辅助图形的底色与品牌主形象保持一致。

“苍农一品”品牌辅助图形

考虑到苍南县物产品类丰富，有蔬、果、畜、渔、茶、药、粮、林八个产业，且规模均不大，“苍农一品”辅助图形结合蓝夹缬的艺术表现形式和农产品种类，围绕品牌徽章，进行了对称设计，形成了八个产业不同色系的品牌插画。

“苍农一品”八大产业的品牌插画

长治神谷

一、品牌名称：长治神谷

“长治神谷”是山西省长治市打造的多品类农产品区域公用品牌。长治市处于太行、太岳两山所夹的上党盆地中，整体地形呈现两侧高、中间低、底部平坦的“U”形谷地。正是这个谷地出产了诸多优质的农产品。同时，“谷”在中国传统农耕文化中一直是粮食、农作物的象征，能够直接传递给消费者农产品品牌的特征。

从地貌特点来看，长治有号称“天下之脊”的太行山，它是中国地形第二阶梯的东缘，也是黄土高原的东部界线。长治境内的太行山风光旖旎，景色奇异，集奇、险、俊、秀、幽于一身，独具一番神韵。这里有林海、悬崖、山石、清泉、瀑布、溶洞、庙宇、传说等，有虚有实，有明有暗，有光有色，有奇有险，巧夺天工。

从气候特点来看，长治冬无严寒，夏无酷暑，雨热同季，年平均气温在8.6～10.5℃，号称“无扇之城”。相传古人最初就是在长治察天观地，总结中国古代的农耕历法。中国农历二十四节气中最核心的农耕八节，即立春、春分、立夏、夏至、立秋、秋分、立冬、冬至，均起源于上党地区。在长治这片土地上，精准的节气时令，如齿轮般精密的咬合运转，数千年来从未间断，也只有神奇的大自然才能造就长治这座节气之城。

从历史人文来看，在长治悠久的历史中，流传着许多故事传说。相传炎帝神农氏在此地制耒耜、种五谷、教民农耕，这为人类由原始的游牧社会向农耕文明转变奠定了基础。后羿射日、女娲补天、精卫填海等诸多耳熟能详的神话故事相传都发生在这里。这些神秘的传说给长治增添了一份神秘的色彩。

从红色文脉来看，中国共产党领导的八路军在中华民族生死存亡的紧要关头，在长治这片土地上建立了太行、太岳两片革命根据地，在最危难的时刻拯救了中华民族。这里是中国革命的圣地之一，到处充满着神圣的红色记忆。

地貌独具神韵、气候自然神工、文脉古老神秘、红色神圣之地等特征共同赋予了长治与众不同的神奇特质。因此，确立长治农产品区域公用品牌的品牌名称为“长治神谷”。

品牌名称浓缩了长治地貌的神韵、气候的神工、文化的神秘、革命的神圣，同时融入长治地形的基本特征和农产品的类别特征。自“硅谷”扬名以来，“谷”就有了某类产品或科技云集圣地的意味。“长治神谷”既指长治这片神奇的谷地，也指长治出产的神奇的农产品。

二、品牌口号：太行神农谷，上党聚宝盆

市场调研发现，多数消费者不了解长治，亦不明确长治所处的地理位置，但长治所处的太行山在消费者中的认知度很高。太行山不仅在地理上定位了长治的所在区域，也是长治众多农产品的生长环境。因而，“长治神谷”品牌口号将借助“太行山”区域背书，表现区域特征，借此提高品牌认知度与影响力。

同时，为融合更多具有长治特色与消费认知的元素，丰富品牌内

涵，“长治神谷”也借助炎帝神农氏教人农耕的故事，使用“神农氏”这一中华民族有共同认知的超级符号。

毛主席曾在对上党战役的评价中说“太行山、太岳山、中条山的中间，有一个脚盆，就是上党区。在那个脚盆里，有鱼有肉”，说明这里物产丰盛，宜居宜耕。长治这个神奇的山谷里，可谓物华天宝地，是一个“聚宝盆”。

综上，确立“长治神谷”品牌口号为“太行神农谷，上党聚宝盆”。

品牌口号借力太行山提升消费者对“长治神谷”的认知，并进一步丰富“神谷”内涵，指出这里是神农尝百谷之地，是一片出产丰富农产品的神奇农业谷地。该口号也延续了长治的悠久历史，将其古称“上党”融入其中，并将其所在的上党盆地抽象为更具传播力的“聚宝盆”。

三、品牌符号：品牌LOGO

“长治神谷”品牌LOGO以“炎帝神农氏”“聚宝盆”及长治代表物产等为主要元素进行设计。炎帝神农氏是中华农耕文明的象征，也是长治深厚文化的重要组成部分。以长治市老顶山的炎帝塑像为基础，结合神话传说中神农氏“牛首人身”的描述，确定品牌LOGO的核心部分。

“长治神谷”品牌LOGO

神农氏的周围是长治市代表性农产品，如小米、党参、核桃、花生、连翘、辣椒等，表现出长治物产富饶的特点。主形象下部为“聚宝盆”符号，似盆也是谷。

四、品牌符号：品牌辅助图形

“长治神谷”品牌辅助图形的创意源自长治市武乡县的八路军太行纪念馆所收藏、展出的革命版画。通过版画的艺术手法，展现了当前长治市在市场上较有竞争力、生产上有显著特色、品质上明显优于其他地区的农产品及其生产场景。辅助图形中农人形象的包头巾和束腰带等元素带有明显的山西特征。

“长治神谷”品牌辅助图形

大别山的问候

一、品牌名称：大别山的问候

“大别山的问候”是安徽省金寨县打造的多品类农产品区域公用品牌，2014年10月已在多个类别注册了一般商标，并授权企业使用，在本地市场拥有一定的知名度。依托大别山的山地资源和立体小气候，金寨特色优势农产品众多，有金寨猕猴桃、金寨天麻、金寨板栗、金寨黑毛猪、金寨山羊、金寨茯苓、金寨高山米、金寨土鸡、金寨葛粉、金寨红茶、金寨山茶油、金寨高山茭白、金寨生姜、金寨黄牛、金寨花鲢鱼、金寨灵芝、金寨山核桃、金寨西洋参等地理标志农产品。

金寨特色优势农产品虽多，但因是典型的山地农业，其规模和产量都不大，同时对于县域而言，要同时打响那么多农产品地理标志品牌，无论从财政预算上还是从政府精力上，都难以实现；相反，可能会产生县域优势资源的分散、内耗、不均衡等问题，影响品牌效益。因此，打造多品类的农产品区域公用品牌，协同旗下地理标志农产品子品牌，共同走向市场，是一条更适宜的品牌发展之路。

“大别山的问候”以大别山作区域背书，彰显金寨农产品的产地优势，采取拟人化、情感化的方式表达产品与消费者之间的情感关联，将大别山好环境的问候、好农产的问候、好农人的问候和好情怀的问候带给每一个人，送上深深的情感祝福。

二、品牌口号：大别山的问候，源自金寨

金寨“八山一水半分田”，青山绿水，空气洁净，不仅滋养丰富的原生物产，也特别适合人类居住，是“中国长寿之乡”。金寨地处大别山腹地，森林覆盖率达75%，空气富含负氧离子，素有“森林氧吧”之称，土壤肥沃，富含有机质，鲜有工业污染。所有地表大型水体均为国家一类水质，拥有梅山水库、响洪甸水库等大型洁净水体资源。好的生产环境造就高品质农产品，优越的地理环境特别适合发展绿色有机农产品。

金寨农人秉承自然天养、生态循环的农耕之法，以古朴的作业方式耕种、收获，良好的生长环境和当地农人的自然农法哺育了安全、高品质的农产品。“大别山的问候”品牌产品就来自金寨。

但是大别山虽然有广泛的区域认知背书能力，消费者却难以感知品牌、产品与金寨之间的关联，这是区域公用品牌在命名中不使用区域行政区划名称带来的短板。

为规避“大别山的问候”地域联想过于宽泛的问题，品牌口号采用溯源的形式，将品牌名称与金寨关联起来，从而产生品牌与区域的专属性。因此，确立“大别山的问候”品牌口号为“大别山的问候，源自金寨”。

“大别山的问候，源自金寨”在表达高品质农产品来源地的同时，也呼应习近平总书记对金寨革命地位的评价“中国革命的重要策源地，人民军队的重要发源地”。

三、品牌符号：品牌LOGO

“大别山的问候”品牌LOGO以红色为主基调，品牌名称采用毛体书法设计，向红色土地和将军县致敬。品牌LOGO底部飘带添加“源自金寨”，形成品牌LOGO与品牌口号合一的设计效果，隐喻农产品源自金寨这片红色的革命热土。品牌LOGO整体上采用勋章的形式，蕴含很强的荣誉感和责任感，象征金寨农产品追求卓越品质的初心。

品牌LOGO中，金色麦穗传达品牌的产品类别；绿色山峰为大别山最高峰天堂寨，显示其地域特征；万丈光芒兼具辉煌革命历程和品牌前景一片光明的双重含义。

在配色上，红色象征革命老区的红色文脉，绿色代表生态环境，金色则寓意丰收与品质。

“大别山的问候”品牌LOGO

四、品牌符号：品牌辅助图形

“大别山的问候”品牌辅助图形以单线稿和彩稿的形式绘制了主要品牌产品的插画，应用于不同产品的包装之上，帮助消费者识别品牌旗下的产品类别。单线稿可以在彩色背景下作为底纹运用，与彩稿一起形成风格统一的两种视觉风格。

“大别山的问候”品牌辅助图形

东白

一、品牌名称：东白

“东白”是浙江省东阳市打造的多品类农产品区域公用品牌，2021年3月由东阳市农民合作经济组织联合会注册了多个类别的集体商标。

梳理东阳自然资源禀赋可见，会稽山、大盘山、仙霞岭延伸入境，形成了“三山夹两盆、两盆涵两江”的独特地貌，其间东白山自然条件优异，是浙江省动植物宝库。

在农业产业方面，东阳火腿加工已有1200多年的历史，素有“金华火腿出东阳”之称；东阳茶业也有1100多年历史，名茶“东白春芽”在唐代即负盛名，为朝廷贡品；东阳在南北朝时期便已形成香榧产业，是当之无愧的“中国香榧之乡”。除此之外，青枣、中草药等产业，也都有着逾千年的培育历史。

在人文底蕴方面，东阳是著名的“教育之乡”，院士、教授、博士数量在全国名列前茅；是著名的“木雕竹编之乡”，东阳木雕、东阳竹编是东阳工艺美术百花园中的两朵奇葩；是著名的“文化和影视名城”，东阳横店影视城是全球规模最大的影视拍摄基地。

在林林总总的资源禀赋中，东阳市地标性景区东白山最具代表性和知名度，与农业产业之间的关联度更高，亦有“东白春芽”茶叶品牌，代表了东阳的地理位置和农产品生长的区域环境。东白山自然条件优异，是浙江省动植物宝库，有国家一级重点保护野生植物1种、动物5种，东白山的自然条件凸显了东阳市优良的生态环境。

东白山主峰东白峰，古称太白峰，高1194.7米，是东阳市最高峰，也是浙中地区最高峰，相传诗仙李白曾登临此山，具有很强的历史感和文化感，是浙江省七大名山之一。每逢夏季，东白山都是长三角都市旅游人群重要的避暑目的地，市场知名度较高。

因此，本案确立东阳市农产品区域公用品牌名称为“东白”。东白既是高峰，亦有东方泛白之意，象征希望、曙光、志存高远等品牌寓意。

二、品牌口号：东白农作，精耕细作

从东阳市历史文脉、工匠精神、农人精耕等方面入手，“东白”确立品牌口号为“东白农作，精耕细作”。

“精耕细作”是东阳人骨子里透露出来的性格和气质的直观表达。东阳人自古讲求“精细”，每一个木雕作品，都需要工匠用大大小小十余种刻刀精心雕琢而成，这才成就了“木雕之乡”的盛誉；东阳竹编又何尝不是如此？每一个东阳文人，都细心钻研，格物致知，才会成就“博士之乡”的美名；横店影视基地的一砖一瓦，又何尝不是东阳人点滴成就的繁华？

“精耕细作”也是对东阳农业价值的直观呈现。在追求极致的整体氛围中，东阳农业也呈现出“精耕细作”的特色。千年的香榧古树，东阳人用巧妙设计的木制支架将其保护起来；新生的蔬果花卉，东阳人用智慧对其进行精细化管理。无论是农家小院的菜圃，还是先进的产业基地，东阳人都在用不同的方式“精耕细作”。

“精耕细作”也是对东阳历史发展的概括提炼。“农工皆本”是东阳人祖祖辈辈流传下来的观念。明清时期，手工业从家庭副业中分离出来，东阳走上了一条立足技艺的“百工之路”，一代代东阳匠人在众多手工领域成为身怀绝技的大师。东阳木雕、竹编等工艺精致典雅，名扬海内外。

三、品牌符号：品牌LOGO

“东白”品牌LOGO以“东”字为主形，凸显东阳农产品区域公用品牌的区域属性，同时也凸显“东白”品牌名称。在设计上，运用祥云、太白峰、流水等符号元素，形成近似“东”字的祥瑞图形。

品牌LOGO和品牌名称的字体均采用木雕花纹的形式进行表现，张扬东阳的代表性木雕文化，塑造品牌个性。在配色上，由下到上以渐变的蓝绿色为主色调，至顶峰处呈现淡金的暖黄色，像东白峰的日出一样，表达东方泛白的意境。

“东白”品牌LOGO

四、品牌符号：品牌辅助图形

“东白”品牌辅助图形展现了东阳当地特色的农产品元素，如千年香榧树、茶叶、木雕、东白山、古建筑等，周边祥云样式的木雕花纹，增加了画面的厚重质感和辨识度，使辅助图形像一幅木雕艺术品。透过这件艺术品，可以窥探东阳这座城市的文化底蕴、自然山水、代表农产品和品牌的精神内质。

“东白”品牌辅助图形

赣鄱正品

一、品牌名称：赣鄱正品

“赣鄱正品”是江西省打造的省级多品类农产品区域公用品牌，2021年11月江西省农产品质量安全中心在多个类别为其申请了证明商标。

在一个省级层面打造多品类农产品区域公用品牌绝非易事，因为需要面对纷繁多样的文化特征、地理特征、产业特征和品类特征。江西省农业特征的复杂多样性，可以概括为以下几个方面。

多元环境：江西省东西南三面环山，中部丘陵起伏，西北中低山与丘陵区、鄱阳湖冲积平原区、东北中低山丘陵区、抚河中游河谷阶地与丘陵区、西中低山区、中南中低山与丘陵区等多种地形，造就了适合不同作物生长的优质环境，奠定了江西丰富物产的自然基础。

多样物产：江西省耕地4633万亩，山地1.6亿亩，可开发水面2500万亩，农业可利用荒山、荒坡等资源达530万亩。广袤的绿色耕地孕育了无数江西特色物产，稻米、蔬菜、果业、茶叶、中药材、草地畜牧、水产、油茶八大产业，共同铸就了江西农业的精彩魅力。

多彩文化：贡米文化、山水文化、客家文化、诗画文化、书院文化、道教文化、佛教文化、商帮文化等文化类型，在江西大地上异彩纷呈，有机融合，交织成美妙的文化篇章。

多种品牌：在多年的农业发展中，江西省已经形成了农业品牌集群，赣南脐橙、泰和乌鸡、庐山云雾茶、广昌白莲等盛名在外，也孕育了一大批充满活力和发展潜力的新兴品牌。

面对如此纷繁多样的农业特征，站在省级层面去打造多品类农产品区域公用品牌，首先要考虑的是抽离其共性特征，其次是确立品牌的价值意义。

从共性特征上看，所有江西的农产品都有“赣”标签，有“鄱”的印记。江西简称赣，因母亲河赣江而得名。赣江由章江与贡水汇合而成，故“赣”字左边一个“章”，右边一个“贡”；“贡”上一个反文，是谓江西历史上人文荟萃，文化昌盛。江西区别于其他地区最重要的地理符号是鄱阳湖。鄱阳湖是我国最大的淡水湖，它承纳赣江、抚河、信江、饶河、修河五大河流，其水系流域面积约占江西省面积的97%，是江西省绿色生态价值最具代表性的符号。

从品牌的价值意义上看，江西省农产品区域公用品牌应该为所有进入品牌体系高品质农产品提供绿色背书、信用背书、品质背书，使其能够承载、传播江西生态文明建设的形象，使消费者相信这是由政府背书的可信赖的农产品。因此，其最大的价值和意义在于“认证”。

基于上述视角，本案确立江西省多品类农产品区域公用品牌名称为“赣鄱正品”。“正品”，从战略角度凸显江西“认证型”农业品牌的发展方向，意为“正宗的江西好农品”，是消费者识别江西农业品牌认证产品的标签；同时，“正品”亦有纯正品质的消费联想。

二、品牌口号：生态鄱阳湖，绿色农产品

综上所述可以发现，鄱阳湖湿地生态系统是江西农业发展最大的

底气和基础。鄱阳湖生态经济区的战略愿景就是建设世界性生态文明与经济社会发展协调统一、人与自然和谐相处的生态经济示范区和中国低碳经济发展先行区。

从江西省农业自身现状来看，牢固的生态理念、优越的自然环境、扎实的产业基础、严格的溯源机制，使江西成为全国唯一的“全国绿色有机农产品示范基地试点省”，生态与绿色是江西农产品的重要优势，也是江西农产品品牌的关键形象。

从农产品消费市场来看，“民以食为天，食以安为先”的消费理念更加深入人心，绿色、生态、安全是人们普遍的价值追求。

从延续品牌传播的资产来看，江西省以“生态鄱阳湖，绿色农产品”为传播口号，连续多年开展广告传播、市场推介等营销活动，并在政策法规方面予以支持，产生了较强的消费认知基础。

因此，“赣鄱正品”延续原有传播资源，确立品牌口号为“生态鄱阳湖，绿色农产品”。品牌口号以鄱阳湖为最大利益价值载体，支撑绿色、生态概念，为消费者提供充分的消费依据。

三、品牌符号：品牌LOGO

“赣鄱正品”品牌LOGO从“认证标”的背书和信用价值入手，强化其政府公信力。LOGO图形摒弃常见的圆形、四边形等设计风格，采用对称的八边形，并对四个角边进行非直线的弧度处理，形成差异性的视觉效果。

“赣鄱正品”品牌LOGO

品牌LOGO颜色以红色为底色，是江西浓厚的红色文化的象征，也是品牌公信力与认证价值的象征。金色字体与弧线是金色品质的体现，周边四射的光芒线条是绿色、生态文明全域覆盖的写照。

字体下方的对开弧线，是山川形象，象征着赣鄱大地的区域生态；是农田，表现江西沃野千里的农业特征；是一册书籍，体现江西名家荟萃的人文价值。

四、品牌符号：品牌辅助图形

“赣鄱正品”品牌辅助图形根据江西各大产业的特色进行创意设计，将每一个产业与生态场景进行结合，用意识流的手法进行描绘，在体现产品类别的同时传达绿色、生态的品牌价值。

品牌辅助图形在每个场景中分别融入孕育各种物产的生态环境与产品自身特色，并附以卡通Q版的劳作人民形象，以丰富的色彩表达产品的丰富多样、环境的多姿多彩。辅助图形在设计中同时增加了影响农作物的气候、水文等元素，传递江西农业产区的地理环境价值。

“赣鄱正品”品牌辅助图形

好味知济

一、品牌名称：好味知济

“好味知济”是山东省济南市济阳区打造的多品类农产品区域公用品牌，2019年7月，济阳县（后改区）农村经济经营管理站为其申请了多个类别的一般商标。

近年来，山东省级旅游品牌“好客山东”、山东省级工业品牌“好品山东”通过央视及全国多家主流媒体的传播，声名在外。济阳区作为山东省会城市济南下辖的一个区，在农文旅、三产融合的背景下，从延续“好”字系列产业品牌出发，决定构建“好”字农业品牌，成为山东多品类农产品区域公用品牌的代表者。

农产品与消费者产生的最直接关系就是“味道”。好品质有好味道，是消费者最朴素的认知。通过品尝济阳的农产品，可以使消费者更好地感知济阳的风土人情。而消费者一旦品尝到符合自己口味的产品，就会多次重复消费，与品牌形成日常互动。因此，本案确立济阳区多品类农产品区域公用品牌的名称为“好味知济”。

从关系消费、情感消费的立场看，品牌是链接“生产者”与“消费者”的桥梁，品牌进行利益、价值观的传达，产品进行物质功能的输出，由此建立生产者与消费者之间的关系。因此，“知济”也是“知己”，是“你知我需”“我知你不负所托”的双向奔赴。

二、品牌口号：好味知己，难得济阳；人生好味，难得知己

“好味知济”是一种人格化的品牌表达。在移动互联网塑造的社交媒体时代，品牌与消费者的日常互动越来越重要。与消费者做朋友、做知己，是一种品牌态度，是维护消费者忠诚度的有效抓手。

延续情感化品牌个性塑造的思路，将济阳物产风味、乡土情味、生活滋味、人生况味作为品牌的价值内涵，链接人生难得一知己的千古感叹，确立品牌口号为“好味知己，难得济阳”。品牌口号在与品牌名称“好味知济”谐音的同时，对品牌产品的产地进行注解，消除消费者将“济”理解为济南。

品牌口号还可以进一步深入，超出物质功能的层面，进入更加纯粹的精神层面的诉求，以求与消费者产生更深层次的心灵共鸣。因此，本案的品牌副口号确立为“人生好味，难得知己”。品牌副口号适宜在品牌积累了足够的认知度、美誉度后使用。

三、品牌符号：品牌LOGO

“好味知济”品牌 LOGO是飘逸彩带形成的“济”字，是济阳国家非物质文化遗产——济阳鼓子秧歌欢快舞动的形象，体现了这座城市的活力与文化魅力。

品牌LOGO的左右两边似男女知己在友好交流。“文”字中加入绿色叶子形状的翅膀元素，寓意“给农业插上科技的翅膀”。三点水与齐字在下方趋于联通，是济水与黄河水利相通的象征表达。

在色彩上，品牌LOGO采用了象征生态的“翠绿”、产品的“火红”、丰收的“橙黄”、水质的“深蓝”，形成济阳“多彩农业、多样味道”的品牌形象，呼应济阳鼓子秧歌人物使用的“绸带”和“衣服”色彩，简洁明快，易于传播。

“好味知济”品牌LOGO

四、品牌符号：品牌辅助图形

“好味知济”品牌辅助图形以湛蓝天空下、黄河岸边金黄色的小麦和水稻丰收场景为背景，刻画了祖孙三代的农耕生活。济阳代表性的优势特色农产品黄河大米、富硒的仁风西瓜、垛石番茄、崔寨甜瓜、太平西瓜、曲堤黄瓜在近景中被呈现出来，跳着济阳鼓子秧歌的农人在庆祝丰收，一幅生态、生产、生活相融合的新时代、新农村的幸福画卷跃然纸上。

“好味知济”品牌辅助图形

花果渝北

一、品牌名称：花果渝北

“花果渝北”是重庆市渝北区立足主城区、航空港所在地等区位特征和都市近郊农业特征而打造的多品类三产融合型农产品区域公用品牌。

渝北在产业、区位和生态上具有独特的优势，而这些优势都与渝北目前的优势产业“三花六果”分不开。目前，渝北区的农文旅与农产品消费重点也在“三花六果”，即梨花、李花、樱花，柑橘、梨、李、杨梅、蓝梅、葡萄。

从旅游需求层面看，受节假日制度安排、消费观念变化、新冠肺炎疫情等综合因素影响，居民外出旅游表现出双休日、节假日意愿高，景区客流量猛增的常态，即旅游的周末效应。都市消费者周末短途游最大的痛点在于周末想要出行游玩，但不了解近距离的游玩项目，存在信息不对称的问题。

重庆消费群体有赏花摘果的消费需求。重庆都市消费群体工作日的忙碌节奏使其对休闲时光的需求尤为强烈，而周末的两天时光难以支撑长途旅行，能够短住或当天来回的周边游玩符合其周末度假需求。

渝北区的鲜花观赏、鲜果采摘正好能调节都市消费群体的生活节奏，满足其休闲需求。渝北区基于其优势产业，常年举办茨竹梨花、印盒李花、兴隆杨梅、玉峰山樱桃等多种都市休闲农业节庆活动，每年接待游客50余万人次、带动农民增收1.25亿元以上。由此可见，“花果”在推动渝北农文旅融合发展过程中的重要性。

渝北周边竞争品牌没有诉求花果核心利益点。重庆其他区县虽然也有花果种植，但鲜花鲜果并非其代表性资源，且知名度不及渝北区。相比于其他区县，渝北区的“花果”已经发展得较为成熟，有一定市场知名度与游客忠诚度。“花果”从字面可让消费者联想到更悠闲、清爽的消费体验，这与重庆一贯给人重麻重辣的消费体验形成反差，能够为渝北区塑造差异化形象，从外围竞品中脱颖而出。

渝北资源禀赋能够支撑花果核心概念。“三花六果”作为近年来渝北发展山地现代特色高效农业的重要缩影，在渝北乃至重庆地区都产生了示范效应，能够良好地概括其生态环境与产业资源。而赏花采果作为游客前往渝北进行的主要农业体验活动，也符合渝北背靠重庆大都市、走“三产融合”道路的发展战略。

因此，本案确立品牌名称为“花果渝北”。它表明渝北区就是重庆的一座花果山，同时也将《西游记》带给消费者的对花果山的美好向往链接进来。

二、品牌口号：巴渝北望，花果飘香

对于各区县而言，如果“渝”字是各个区域在重庆市所呈现的共性，那么“北”字就是渝北区所呈现的区域个性。渝北区农产品的核心优势、产品特色及发展现状均是围绕“北”这一区位条件形成。将“北”字重点突出，抢占消费者心目中对“重庆之北”的认知，并将渝北放在整个巴国文化、巴渝地区的区域格局中进行观照，进而形成渝北区形象的差异化表达。由此，确立“花果渝北”品牌口号为“巴渝北望，花果飘香”。

在中国人的集体认知中，“北”常常具有积极的象征意义，“坐北朝南”“众星拱北”等成语都体现了在中国传统思想中，“北”代表了正统的、尊贵的方位。大量影视、歌曲作品也充分表达了对北方的想象，这也说明人们往往有向北探索的欲望。因此，品牌口号将“北”字的文化符号意义融入其中，借力“巴渝北望”概念，将区域名称巧妙镶嵌其中，表现品牌的区位特征。

品牌口号前后押韵，强化记忆，朗朗上口，能够通过反复刺激消费者记忆点，快速传播品牌新形象。“巴渝北望”意味着渝北将是重庆、巴渝地区的焦点，能够将众人的关注汇聚于此，成为农产品区域公用品牌建设的重要阵地。

三、品牌符号：品牌LOGO

“花果渝北”品牌LOGO基于品牌定位“重庆花果山”，立足渝北区最具代表性的鲜果农产品，结合渝北区生态特征、区位特征进行融合创意而成。

“花果渝北”品牌LOGO

LOGO 在整体视觉上呈现花果山形象，共由三个部分组成：上部分描绘了高山轮廓，体现重庆“山城”的地理属性及渝北层峦耸翠的生态景观；下部分描绘了翠绿万顷的田地风光，并融合流水波纹，与青山进行呼应，这与渝北北面为山、南面为长江的地理特征相契合。中间部分以仙桃梨、歪嘴李、葡萄等代表性农产品的果形为主元素，辅以代表天然、健康的绿叶造型，体现渝北在得天独厚的自然环境下富产优质农产品的特色。

四、品牌符号：品牌辅助图形

“花果渝北”品牌辅助图形以插画的形式用丰富的色彩将渝北区代表性农产品、地标建筑和餐饮方式组合成一幅花果山图景，与品牌名称遥相呼应，有利于构建消费者与品牌产品之间的美好联想。品牌辅助图形立体呈现出渝北区的地理特征、产业特征、文化元素、饮食方式，具有显著的地域特征和差异性。

辅助图形的下方边缘，是滚滚长江水，也是重庆麻辣火锅的汤色，在呈现重庆饮食特色的同时，也表示渝北的果蔬是重庆火锅餐饮消费不可或缺的食材。根据产品品类的差异，品牌传播辅助图形将各有侧重地应用于产品包装，既凸显产品特色，又保持整体风格一致。

“花果渝北”品牌辅助图形

环乡人

一、品牌名称：环乡人

“环乡人”是甘肃省庆阳市环县打造的多品类农产品区域公用品牌，2018年10月由环县电子商务办公室在多个类别为其注册了一般商标。

环县地处毛乌素沙漠边缘、陇东黄土高原丘陵沟壑区，属残塬沟壑区向沙漠区的过渡地带，是中国小杂粮之乡、中国皮影之乡。环县农业产业在生态环境、物产资源、文化传承、性格禀赋四个方面呈现出明显的差异化特征，即千沟万壑的滋味、道地的西北风味、道情皮影的韵味、邻里温暖的人情味。

乡情、乡味、乡愁共同成就了环县农产品的本真滋味，是消费者对家乡滋味的深刻记忆，能够引发消费者的思乡之情和归乡冲动。因此，环县县委、县政府将品牌人格化，确定品牌名称为“环乡人”。

“环乡人”另辟蹊径，以农产品背后的人作为主角，通过归乡共情建立品牌与消费者之间的心理链接。人是环县农产品的生产者、体验者、分享者和消费者，品牌与消费者的关系就是环县乡人与消费者的关系。

二、品牌口号：环乡人亲，故乡味美

环县人善良、质朴、直率、热情好客，给人一种家乡人的亲切感；环县农产品是地道的西北风味，给人一种家乡味的熟悉感。与品牌名称相配套，确立“环乡人”品牌口号为“环乡人亲，故乡味美”。

品牌口号延续了品牌名称拟人化的表达，诉求家乡人和故乡味，彰显出环县人热情淳朴的待客之道和环县产品的原生品质，是一个有态度、有温度的品牌价值表达。

品牌名称与品牌口号一起带给消费者来自环县的浓厚乡情和温暖关怀，让远离家乡的消费者产生情感共鸣。

三、品牌符号：品牌LOGO

“环乡人”品牌LOGO依据环县重要的文化、生态特征，提炼山城堡战役纪念碑、黑山羊、环江河、残塬沟壑地貌、特色民窟等符号元素重构而成。其中，纪念碑象征红色文化和区域地标；牧羊的剪影象征着农业产业，亦含有“还乡”之意；窑洞代表着当地特有的民居文化。

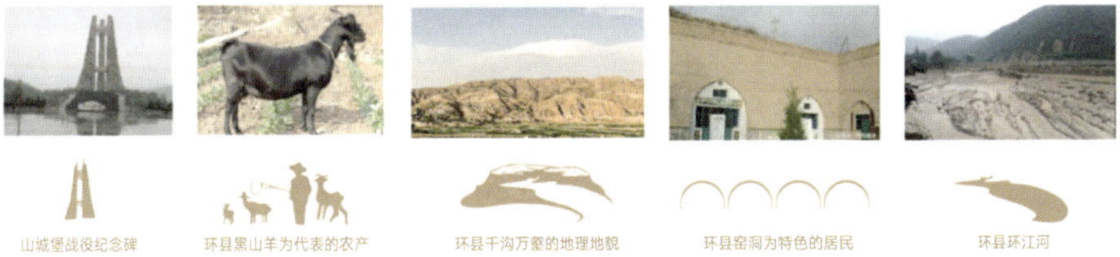

“环乡人”品牌LOGO设计元素

品牌LOGO采用版画风格，体现出淳朴原生的特点，通过正负形的处理方式，将千沟万壑的地理地貌同道路、环江河做了有机结合，洋溢着浓郁的乡土风情和归乡情结。

在颜色的选择上，“环乡人”品牌主形象采用了红、黄、绿三色。红色代表红色文化，黄色代表脚下的黄土高原沟壑，绿色代表绿色农产品。

“环乡人”品牌LOGO

四、品牌符号：品牌辅助图形

“环乡人”品牌辅助图形进一步深化了品牌LOGO所传递的家乡情怀，借鉴环县道情皮影人物形象，以剪纸风格的插画表现了环县乡人在残塬沟壑间耕作的场景。环县特有的地形地貌决定了这里农业生产的机械化程度很低，更多依赖乡人手工耕作，是接近原生态的农耕方式。辅助图形中呈现的单轮推车、扁担及筐、牛犁、耘锄等耕作工具生动形象地展示了这种特征。

在配色上，厚重的大地土黄色呈现出“千沟万壑的滋味”，深红色剪影山羊和劳作农人呈现出“道情皮影的韵味”。

“环乡人”品牌辅助图形

极境寒养

一、品牌名称：极境寒养

“极境寒养”是黑龙江省黑河市打造的多品类农产品区域公用品牌，2020年3月黑河全域绿色农业发展集团有限公司为其注册了多个类别的一般商标。

黑河是我国版图中最北的地级市，气候条件独特，水土资源丰富，所产农产品特色鲜明，优势明显，具有打造独特标杆品牌的优越条件。在地理区位上，黑河是中国北纬之极、国土边境；在生态环境上，这里异常寒冷，是生态之极、绿色之境；在文化传承上，黑河是欧亚之窗和东西方文化、多民族交汇点，是文脉之极、民族和境；在居民性格上，黑河人久居苦寒之地，却极具进取奋斗精神，成就黑河禀性之极、奋斗进境；在物产资源上，特殊的气候环境造就了物产的极致特色，成就黑河物产之极、丰饶胜境。

综上，确立黑河市多品类农产品区域公用品牌名称为“极境寒养”。“极境”是对黑河区域位置和极致禀赋的概括，具有“顶点、最好、最高”之意。“寒养”是对寒冷气候特征的概括，并指出寒冷之于这里农产品的优势。因为寒冷，黑河农产品生产过程中化肥农药等投入量少之又少，全域农产品几乎都可达到国家绿色食品标准；因为寒冷，黑河市农产品具有更高的生物活性物质，如黑河大豆的总异黄酮、卵磷脂和纤维素等含量高于全国及东北地区的平均水平，黑河春小麦的蛋白质含量为18.2%，远超其他产区。

“极境寒养”奠定了黑河区别于其他区域的独特气质，也塑造了其独有的生态环境、历史文化、丰富物产和性格特质。“极境”有“极净、极纯粹、极致之地”的含义，有广阔而美好的意境；“寒养”亦通涵养，意味着黑河所有农产品的特殊禀赋均来自于“寒”的气候特征，因而更具活力，品质更出众，也更能涵养身心。两者均能很好地匹配当前消费者对于安全、绿色、健康、营养农产品的需求。

二、品牌口号：极境黑河，寒养至味

“极境寒养”品牌名称虽然表现了黑河的区域特征和农产品特征，但消费者仅从名称难以感知品牌与区域之间的关联。因此，可用品牌口号来弥补这一短板，将其确立为“极境黑河，寒养至味”。

品牌口号告知消费者“极境寒养”品牌来自黑河，并再次用最高级的概念“至味”来强化极致境地孕育出的“极致味道”，这种味道延展开来就是黑河的边疆风味、自然滋味、文化韵味、人生百味和食材本味。

品牌口号洋溢着一种积极向上、追求卓越的品质和精神内涵，它是黑河人在艰苦环境下的奋进姿态，也是消费者应该追求的人生境界。

三、品牌符号：品牌LOGO

“极境寒养”品牌LOGO以品牌核心价值、黑河资源禀赋和地缘特征为依据，提炼其代表性元素符号设计而成。

地球
极地

黑河地图
蝴蝶外形

千里沃野

太阳
丰收，希望的象征

“极境寒养”品牌LOGO设计元素

品牌LOGO从黑河市地理区位和生态环境出发，提炼出地球极地、黑河区域形状、千里沃野、太阳等象征元素，将黑河行政区划图艺术化地处理成“蝴蝶”符号，形成一幅太阳从千里沃野的地平线升起的画面。品牌LOGO的温暖特征一定程度上弥补、中和了“极境寒养”品牌名称与口号带来的寒意、寒冷等心理感受。

极境寒养

“极境寒养”品牌LOGO

“蝴蝶”的意象不仅是因为它是美的化身，还意味着黑河市的农产品自此开始美丽蝶变，从产品变身品牌，从寒冷的极境飞来，走向更广阔的消费市场。

四、品牌符号：品牌辅助图形

“极境寒养”品牌辅助图形直截了当地将黑河特色农产品通过插画方式呈现给消费者，针对每一个重点产业，如大豆、小麦、玉米、蓝莓等，分别绘制相对应的插画，以现代极简风格呼应极境之地的极致境界。

在色彩上，辅助图形坚持“本色出圈”理念，不饰其余色彩，还原每种农产品本来的色彩，这也是一种“让产品自己说话”的极致境界。

“极境寒养”品牌辅助图形

济宁礼飨

一、品牌名称：济宁礼飨

“济宁礼飨”是山东省济宁市打造的多品类农产品区域公用品牌，2019年12月济宁生态农业协会为其注册了多个类别的集体商标。

济宁曲阜是孔子的故乡，是东方文化的重要发祥地，被誉为“东方圣城”。曲阜孔林、孔庙、孔府是著名的世界文化遗产、中国5A级旅游景区。发源于春秋战国之际的儒家文化源远流长，对中国民智和国民性格影响深远。“千年礼乐归东鲁，万古衣冠拜素王”。数千年来，儒家文化代表了中国最正统的文化，无论我国的“礼仪之邦”之称还是“好客山东”之誉，都与儒家文化息息相关。

在儒家思想中，“仁义礼智信”五常之道是为人处事最基本的道德准则。其中“礼”在中国文化中具有多重含义，可指“礼制”，代表着制度、规范；也可表示“礼节”，代表尊重、敬爱；还可指“礼物”，代表馈赠、给予。

基于区域最大的IP文化，确立济宁市农产品区域公用品牌的名称为“济宁礼飨”。“礼飨”最早出自《后汉书》，意指“以礼宴饮宾客”，这正是礼仪、礼乐、礼制之地济宁以丰富优质农产品礼献四方嘉宾的理念。“礼飨”谐音“理想”，体现了济宁农业发展的远景和理想，彰显了济宁的儒家文化以及济宁人对理想生活的追求。

二、品牌口号：济宁礼，天下享

“济宁礼飨”既承载着本地农人、本地城市居民的幸福生活理想，也承载了兴起于农耕文明时代的儒家对天下大同、共同富裕的价值追求。济宁品牌化的农产品必将走向更广阔的国内外市场，不仅输出有形的物质产品，也输出物质产品中蕴藏的价值观和文化。

因此，“济宁礼飨”确立品牌口号为“济宁礼，天下享”。品牌口号再次重申济宁农产品是儒家文化“礼”的故乡出产的，有适宜做“礼”品的品质，饱含济宁人热情好客的处世态度，愿意与天下人分享。

三、品牌符号：品牌LOGO

“济宁礼飨”品牌LOGO立足于品牌价值和“礼飨”内涵特征，提炼“儒”及与农产品和饮食宴请密切相关的粮食、筷子和餐盘等符号象征，进行融合创意。

“济宁礼飨”品牌LOGO设计元素

品牌LOGO以“儒”字为核心元素，以线条的形式勾勒餐盘的外形轮廓，在右下角留白处放置筷子元素，同时融入禾苗等农业元素，呈现出济宁儒家文化与农耕文化的双重特征，将“好客山东的品质好礼”送给每一位消费者。品牌LOGO强化了区域最具代表性的“儒”文化特征，形成了独一无二的视觉识别。

色彩以代表正统中国文化的红色与严肃端正的黑色为主，体现儒家文化的正统地位。整体形象简洁大方，具有较高的差异性与识别度。

“济宁礼飨”品牌LOGO

四、品牌符号：品牌辅助图形

“济宁礼飨”品牌辅助形象采用“孔子讲学、圣人论道”的意象，延续儒家文化发祥地的文脉特征，参考汉碑中的表现手法，将济宁市丰富的物产集中呈现出来，演绎“天下享”的品牌理念。

四季分明的气候条件和独特的地理特征使得济宁自然资源丰富，物产丰饶。品牌辅助图形在设计上对丰饶物产进行分类，通过不同背景色彩进行区分，蓝色代表水产品，黄色代表山珍食用菌，绿色代表新鲜蔬菜，粉色代表丰富水果，紫色代表肉禽，通过系列辅助图形丰满系列包装、宣传物料以及相关衍生品的视觉形象。

“济宁礼飨”品牌辅助图形

荆品名门

一、品牌名称：荆品名门

“荆品名门”是湖北省荆门市打造的多品类农产品区域公用品牌，2019年9月湖北农谷品牌经营管理股份有限公司为其注册了多个类别的一般商标，并延伸注册了荆品名门宴、荆品名门秀、荆品名门乐、荆品名门游等系列商标。

荆门属亚热带季风气候，光热充足，地形以低山丘陵、平原湖区为主。江汉平原土壤肥沃，富含多种微量元素，成就了荆门优质农业种植区。荆门水资源非常丰富，水质优良。汉江、漳河、富水河等水系贯穿全境，为农业灌溉和水产养殖提供了得天独厚的优越条件。

以国家现代农业示范区、国家农业科技园区建设、农产品质量安全追溯平台为抓手，荆门探索、践行新型生态、高效农业生产模式。在文化方面，荆门曾是楚国陪都，是承天府所在地，明世宗朱厚熜从这里走向皇位。蟠龙菜、桥米、龙米、风干鸡等诸多饮食都曾是皇家御膳的贡品。

上述种种，成就了荆门农产品的“精品”品质。与此同时，它更是带有荆门印记和文化特征的农产品，也是荆门区域形象的物质载体，因此，它也是“荆品”。

从消费者认知的层面看，“荆品”与荆门的内在关联度还不够，不具有排他性。从荆门特有的文脉入手，基于“楚国陪都”“承天府”“皇家贡品”等文化特征，最终确立荆门市农产品区域公用品牌名称为“荆品名门”，以进一步提炼彰显其农产品品质、放大差异化价值。

品牌名称将荆门镶嵌其中，显示品牌来源地和区域背书功能，同时又谐音精品，寓意品牌产品的高端品质。从品牌市场竞争的角度看，“荆品名门”有自我区隔细分市场的功能，即“荆品名门”农产品与普通农产品。

二、品牌口号：中国农谷，长寿荆门；自然好味道，滋养一家人

荆门近年来一直在实施打造“中国农谷”的发展战略，多角度立体化传播“中国农谷，长寿荆门”的区域形象，积累了相当程度的品牌声誉。同时，这一口号呈现出典型的农业产业特征和功能特征，能有效弥补品牌名称中农产品特征不明显的短板。因此，“荆品名门”保留这一口号，作为品牌的产地标识（中国农谷出品）和功能隐喻（长寿）。

“中国农谷，长寿荆门”的品牌口号有农业的特征，但更偏重区域特征和城市形象，在农产品消费利益上诉求不够，与消费者沟通时存在信息不对称，容易增加传播沟通成本。为此，“荆品名门”确立品牌副口号为“自然好味道，滋养一家人”。

三、品牌符号：品牌LOGO

“荆品名门”品牌LOGO以地域名称和品牌名称的“门”字为创意点，融入山谷丘陵的设计，与荆门多低山丘陵的地貌相呼应；融入水

浪的波纹造型，与荆门漳河水库的优良水质相呼应。

品牌LOGO中的负形采用了吉庆祥和的凤凰意象，与荆门的楚地文化图腾和皇家文化的尊贵一脉相承，营造出与名称相对应的尊贵感和品质感。品牌主形象的左侧立柱以“华表”为主要汲取元素，象征品牌作为产品品质标杆、形象标杆的厚重感和可信赖感。“荆品名门”主形象摒弃了中规中矩的四方形和圆形设计，赋予图形新奇感，采用红色的图形元素与黑色的书法字体搭配，具有很高的识别度和传播力。

“荆品名门”品牌LOGO

四、品牌符号：品牌辅助图形

“荆品名门”品牌辅助图形以线条插画的形式再现了荆门农业的山水特征、丰富物产和厚重的楚文化特征，集农业、文化、地理、历史等元素于一体，集中展示了荆门的代表性农产品。品牌辅助图形借助线条的表达形式对山形做了特殊处理，使它不仅更具写意韵味，也更能微妙地传达出“谷”的意象，进一步阐释“中国农谷”战略。

值得一提的是，图形的最下方是一只凤凰造型，一方面表现了楚文化中“楚人好凤”的传统，传达“凤”与皇家名门的象征关系；另一方面呼应了品牌LOGO中的凤凰形象。通过线条的处理，凤尾被设计成了河流的形象，是荆门水资源丰富、水质优良的象征。

“荆品名门”品牌辅助图形

蓝田果蔬

一、品牌名称：蓝田果蔬

蓝田果蔬是依托蓝田作为西安下辖县的区位优势、响应农业产业供给侧结构性改革、实现区域经济高质量发展、保障西安大都市“菜篮子”和“果盘子”安全而打造的农产品区域公用品牌。因对新鲜品质、冷链条件、物流速度和消费场景的共享性，蓝田决定将果业和蔬菜并置打造品牌，属于区域名称加两个农业产业的农产品区域公用品牌。

二、品牌口号：自家门前，自然新鲜

从区位优势看，蓝田县隶属西安市，是西安的东大门；果蔬大多种在农户家的房前屋后和附近田地；作为“美域蓝田”全域旅游的目的地，周边游、近郊游的消费者对蓝田果蔬的消费大多也在产地；更重要的是，半个小时经济圈的交通优势，造就了蓝田到西安触手可及的新鲜。

基于此，确立“蓝田果蔬”的品牌口号为“自家门前，自然新鲜”，以非常接地气的表达将品牌优势呈现给消费者。在情感上，“自家”诉求地理位置的接近性，拉近了消费者的心理距离；在逻辑上，给出足够的说服理由，因为产自家门口，所以自然而然新鲜；在品质上，呈现产品本真的状态“自然新鲜”。

三、品牌符号：品牌LOGO

“蓝田果蔬”品牌LOGO整体设计采用了唐代手提食盒的造型，以此来致敬西安作为千年古都的深厚文化底蕴，盛唐时代的西安承载了长治久安的家国理想。食盒也象征着作为西安下辖县的蓝田，为西安消费者呈上一篮新鲜优质的果蔬，将“果盘子”“菜篮子”紧紧掌握在自己手中，保障食品供应安全。

“蓝田果蔬”品牌LOGO

在设计上，通过对蓝田的“蓝”图像化处理并与“菜篮”结合构成品牌主符号外轮廓，LOGO中的色块代表蓝田县果蔬物产丰富性；品牌LOGO上方的“小鹿”是蓝田地标白鹿原中代表性元素的具象应用。“鹿”有健康、吉祥、美好寓意，能够引发消费者好感。

四、品牌符号：品牌辅助图形

无。

丽水山耕

一、品牌名称：丽水山耕

“丽水山耕”是我国第一个覆盖全区域、全品类、全产业链的地级市农产品区域公用品牌，是浙江大学胡晓云团队在区域公用品牌研究和实践领域的一项创举，是贴合山区农业多、小、弱、杂、特、优等特征的品牌发展模式。2017年，“丽水山耕”集体商标获得国家工商总局商标局的核准注册。

多品类农产品区域公用品牌是无法聚焦于某一类产品的色香味形的，它必须超越单一品类的特征诉求，寻求更广泛的品牌产品的共性。这种共性可以归纳为两类，一类是自然的、地理的、物质的区域特征，一类是历史的、文化的、精神的区域特征。

梳理丽水农业产业和区域资源禀赋可见：

耕种方式：从古延续至今的东方特色农耕文化的代表；

地形地貌：“九山半水半分田”，梯田是主要农耕形式；

物产特点：孕育山地农产珍品，有特色，品质优，产量小；

秀山丽水：“秀山丽水，养生福地”，区域形象为品质背书。

因此，本案品牌命名为“丽水山耕”。“山”是丽水最大的自然特征，山地农耕因此成为丽水农耕最主要的生产形式；山地特征造就了丽水水源清澈、空气清新、土质安全的原生态环境，是丽水生态精品农产品的核心竞争力。品牌名将区域名称、区域地貌、农耕文化相结合，传达出来自丽水原生态环境中的农耕方式、农耕文化和农耕产品。

二、品牌口号：法自然，享淳真；淳真，生命的喜悦

品牌口号是品牌名称之外最重要的传播工具和识别标志。它须与品牌基调保持一致，拓展延伸品牌内涵，顺应消费特征，保持与市场的关联性，以及与消费者的互动性。“丽水山耕”品牌的口号源于传统文脉，着眼消费互动。

从丽水农业的独特文脉出发，“丽水山耕”与中国古代道家哲学一脉相承。老子《道德经》云“人法地，地法天，天法道，道法自然”。其核心价值即遵循自然规则，顺应自然发展，保全自然生态，即“法自然”。体现在“丽水山耕”农耕文化上，即环境友好、精耕细作、永续发展。

从品牌消费的互动着眼，品牌口号须触及消费心境。近年来，食品安全问题频发，导致消费者对食品安全感到焦虑。同时，过快的城市生活节奏，导致消费者的精神压力也越来越大。因此，消费者对无污染、原生态农产品的追求，折射出的是对传统农耕时代安全、自然的生活的向往，即重回淳朴、返璞归真。

“丽水山耕”，不仅“法自然”，保留了传统生态农耕方式，生产精致生态农产品，更与消费者分享来自丽水的原生态美味，为其提供享受淳真、原味生活的机会与体验，即“享淳真”。由此，确立“丽水山耕”的品牌口号为“法自然，享淳真”。

2021年，“丽水山耕”进行品牌战略提升，面对新的消费背景和需求变化，特别是“内卷、躺平”等社会焦虑心态，重新演绎“淳真”

的价值。“淳真”是“法自然”下生命（植物、动物、人）每一个生长阶段和重大节点所体会到的本真、质朴、纯粹的情感。由此，确立品牌传播副口号为“淳真，生命的喜悦”，用于生活重要时刻和欢聚场景的传播。

三、品牌符号：品牌LOGO

“丽水山耕”品牌LOGO以丽水的秀丽山水为创意来源，提取三个代表性元素，即山区耕地的弯绕走势、梯田的层叠之状以及山间流水的潺潺形态，将其融入“丽”字之中。

梯田是南方耕地的典型形态，丽水亦是如此。梯田是秀山丽水最具识别性和最具特色的农业底色。丽水的云和梯田更被誉为“中国最美梯田”。“丽水山耕”LOGO在梯田意象之上，加入水的灵性和柔性，配以象征绿色生态环保的浅绿色，形成兼具“丽”和“水”气质、独属“丽水山耕”的视觉主形象。

在2021年品牌战略提升中，“丽水山耕”将LOGO进行了变形、重组，形成品牌的专有纹样，用于产品包装识别、文创产品研发、传播物料应用等领域。

“丽水山耕”品牌LOGO

“丽水山耕”品牌纹样

四、品牌符号：品牌辅助图形

“丽水山耕”品牌辅助图形以质朴的版画风格，写意地再现了真实劳动场景，勾勒出丽水农人躬耕田园、辛勤劳作的生动画面，形象生动、富于动感，覆盖了品牌十大类产品的生产特征、劳作印象。

“丽水山耕”品牌辅助图形

“丽水山耕”品牌旗下的十类产品借助辅助图形区分不同类别，在包装上呈现品类特色，与消费者沟通，解决多品类农产品区域公用品牌在消费识别层面的认知问题。如下图中，竹笋类产品的辅助形象与品牌主形象构建的竹林意象，共同演绎出挖竹笋的劳作场景。

“丽水山耕”竹笋类产品品牌辅助图形

农产品区域公用品牌在推动农业产业发展的同时，其承载的传递区域形象的价值日益得到实证。“丽水山耕”品牌不仅将优质的产品带给消费者，也传播了秀山丽水的生态环境。反过来，优良的生态环境也为品牌赋能，支撑产品品质。有鉴于此，2021年，“丽水山耕”品牌提升战略中，新增了四幅品牌传播辅助图形，重点表现丽水代表性的山水特征，强调产品来源地的生态环境，联动区域旅游资源，将品牌形象与区域名片深度融合。

“丽水山耕”新的品牌辅助图形

聊·胜一筹

一、品牌名称：聊·胜一筹

“聊·胜一筹”是山东省聊城市打造的多品类农产品区域公用品牌，2018年12月，聊城市农业环保能源工作站（聊城市生态农业办公室）为其注册了多个类别的一般商标。

聊城地处山东西部，因区域内到聊河而得名，有“江北水城”之称，有着源远流长的农耕文明和蓬勃发展的现代农业，在环境、文化、物产、品质等方面表现出色。

在环境上，聊城有包括黄河、京杭大运河在内的六大河流灌溉，有黄河冲积平原的肥沃土壤；在文化上，聊城是有6000多年历史的大汶口文化古城，史前文化、运河文化等多元文化交融，农耕文脉源远流长；在物产上，四季分明的气候和一马平川的中原大地造就了聊城包罗万象的十大农业产业；在管理上，聊城立法严控农药使用，做到产品质量全程监管，品质有保障，风味纯正。

因此，基于上述各方面的出色表现，聊城确立其农产品区域公用品牌的名称为“聊·胜一筹”。“聊”字包含略微的含义，“聊胜一筹”的成语原义为“略微高出一点儿”，是表达自身比别人出色的自谦用词。品牌名称意味着聊城的农产品与周边竞品相比，是出色的、优秀的、突出的。

在“聊”字后加上间隔符，将“聊胜一筹”拆解，“聊”字既指代聊城，表达聊城农产品胜一筹的含义；也表达出品牌的自信态度与想实现的市场竞争地位。“聊·胜一筹”活用广为人知的汉语成语，有较强的认知基础和人际传播特性，能够让品牌在一开始就建立优势。

二、品牌口号：放心吃吧，聊城产的！

品牌口号是品牌价值传播的重要工具和识别标志。它应与品牌基调保持一致，拓展延伸品牌内涵，顺应消费特征，保持与市场的关联性以及与消费者的互动性。

前述已经说明，管理立法和质量安全是聊城农产品区别于全国诸多地区农产品的显著特征。聊城农业构建了覆盖全市的农产品质量监管体系，并立法严控农药使用，这在全国地级市中非常罕见。

而消费者的质量安全追求是消费农产品的关键因素，也是很多消费者做出购买决策时的首因要素。综合聊城农业优势、市场消费趋势、国家政策导向，“聊·胜一筹”确定品牌口号为“放心吃吧，聊城产的！”。“吃”是农产品之于人的本质需求，以“吃”为媒，放大聊城农产品品质安全的竞争优势，延续信任、安心的品牌价值内涵。品牌口号是品牌名称在逻辑上的自然延伸。

三、品牌符号：品牌LOGO

“聊·胜一筹！”品牌LOGO以品牌名称为创意基础，以质朴的笔触表现聊城农产品的淳正风味与乡土气息，以不同的色彩表现聊城农产品的多样性。品牌主形象的缤纷色彩，与山东省旅游形象的标识具有很强的同质性和匹配度，有利于在更广阔的传播平台上亮相。

“聊·胜一筹！”品牌主形象还融入品牌定位“聊城精致农产品”和英文名称，在弥补产品属性较弱短板的同时，增强品牌国际传播的能力。

聊·胜一筹！
聊 | 城 | 精 | 致 | 农 | 产 | 品
BETTER AGRI-PRODUCTS FROM LIAOCHENG

“聊·胜一筹！”品牌LOGO

四、品牌符号：品牌辅助图形

“聊·胜一筹！”品牌辅助图形将版画和剪纸两大聊城传统艺术进行融合，作为图形的表现形式，将京剧、古城、运河等聊城文化中具有代表性的元素与特色优势农产品进行整合，呈现出一幅聊城物产丰富、文化底蕴深厚与多姿多彩的图景。

品牌辅助图形将“聊·胜一筹”品牌的五大价值支撑以文案的形式融入进来，增加“聊·胜一筹！”品牌的传播力与信服力，形成较强的差异化视觉特征。

“聊·胜一筹！”品牌辅助图形

瓯越鲜风

一、品牌名称：瓯越鲜风

“瓯越鲜风”是浙江省温州市打造的多品类农产品区域公用品牌，2020年5月温州市农民合作经济组织联合会为其申请了多个类别的一般商标。

温州是浙江省地级市，简称“温”或“瓯”，是我国东南沿海重要的商贸城市和区域中心城市，是我国民营经济的先发地区和改革开放的前沿阵地，是长三角中心区的27个城市之一，也是我国首批沿海开放城市之一。温州人敢闯敢拼，擅长经商贸易，被称为东方犹太人。

温州在夏商周时属于“百越”之地东瓯。越国灭亡后，其后人迁居东瓯。在瓯越大地上，2000多年以来涌现出了“王谢之风”“永嘉学派”“山海文化”“经商文化”等多姿多彩的文化形式。温州人展现出来的“敢闯天地间、敢为天下先”的勇气与智慧，被概括为“四千精神”，即“历经千辛万苦，说尽千言万语，走遍千山万水，想尽千方百计”，奠定了温州作为改革开放时代先锋的精神气质。

在农产品方面，温州地貌兼有山海之势，蔬菜、瓜果、中药材、畜禽养殖、海洋捕捞、淡水养殖等产品在此和谐共生，极具鲜嫩特质。

温州是著名的侨乡，长期闯荡在外的温州人拥有极重的家乡情怀，极其怀念家乡的滋味，形成了重亲情、念故土的风气。无论对留守的本地人而言，还是对于在外创业的人而言，其共同的追求都是那山海间的鲜爽滋味。

因此，基于温州区域特点、产业禀赋、精神特质与人文底蕴等方面的差异化特征，温州确立其农产品区域公用品牌名称为“瓯越鲜风”。“瓯越”点明了温州的区位特征和人文底蕴，是区域名称的另外一种表达。“鲜风”在表达温州农产品新鲜、海鲜的特征之外，也说明新鲜是温州饮食文化中最重要的利益点。“鲜风”也是“先锋”的谐音，表达了一种与众不同的品牌态度，是温州人敢拼敢闯、敢为人先精神内核的表达。“瓯越鲜风”也传达了品牌对农产品品质的坚守与承诺，意欲在消费市场掀起一股消费温州新鲜农产品的风潮。

在文化层面上，“瓯越鲜风”希望以品牌为介质，链接家乡与游子，链接产品与消费者，链接侨商与文化，形成相关利益群体之间的一种精神互动与价值传递，传承“四千精神”。

二、品牌口号：温州敢为天下鲜

“瓯越鲜风”的品牌口号确立为“温州敢为天下鲜”，是对品牌名称的差异化价值内涵的进一步深化，并为它贴上明确的区域标签。“瓯越”虽有文化底蕴和明确指向，但对不了解温州历史文化和简称的消费者而言，缺少认知基础。因此，口号中直接使用了温州标签予以明示。

品牌口号化用了温州人敢闯天地间、敢为天下先的精神，传达出温州农产品的新鲜之选、领鲜之势和珍鲜之质，与品牌名称形成互文之势，有强烈的双关含义，寓意温州农业引领“食代鲜风”，温州经济和社会发展成为时代先锋。

三、品牌符号：品牌LOGO

“瓯越鲜风”品牌LOGO创意源于“白鹿衔花”的传说。相传公元323年，温州被设为永嘉郡时，有白鹿衔花绕城一周的故事，以示此地为吉祥之所，因此，温州也称鹿城或白鹿城。品牌LOGO化用白鹿意象，将之与农产品的枝苗结合，并在外围融入“瓯越山海”的地貌，呈现温州七山二水一分田的地貌特征。在农产品的代表元素选择上，品牌主形象选择了最能体现海鲜、河鲜的鱼类作为代表；在色彩的选择上，以通体绿色表示新鲜；最终在造型上形成了温州具有代表性的“瓯居海中”意象；奋进的鹿象征着温州敢为天下先的精神传承，意欲奋勇当先。

“瓯越鲜风”品牌LOGO

品牌LOGO整体上是一个音形俱备的“瓯”字，同时也是拼音首字母“O”的一个形态，综合表达出温州农产品区域公用品牌的文脉、区位、物产、生态等多维价值，在凸显温州自身价值的同时，也呈现出“瓯越鲜风”的品牌价值，创造出一个差异显著、令人印象深刻的品牌印象。

四、品牌符号：品牌辅助图形

“瓯越鲜风”的品牌辅助图形基于温州优越的生态环境与深厚的人文历史特征，创意提取出高山、海潮、朝云、阳光、田野、白鹿衔花、出乘五马与泰顺廊桥等元素，采用线条的方式塑造出一幅简约的自然生态和历史人文画面。

品牌辅助图形采用了与品牌LOGO一致的颜色，形成统一的品牌调性。品牌口号字体设计采用了如刀锋般的笔画，象征着温州人锐意进取的性格特征和“敢为天下鲜”的品牌价值内涵。

“瓯越鲜风”品牌辅助图形

钱江源

一、品牌名称：钱江源

“钱江源”是浙江省开化县打造的多品类农产品区域公用品牌，2002年2月由浙江省钱江源实业有限公司注册了一般商标。2021年5月商标持有人对商标注册类别进行了大扩展。2022年1月，商标扩展注册的多个类别已经获得核准注册。

钱塘江是浙江的母亲河，钱塘江大潮是浙江省勇立潮头的精神象征。诗词有云“东南形胜，三吴都会，钱塘自古繁华”，钱塘江无论在古代还是在当代均具有很高的知名度。

开化县位于浙江省西部，是钱塘江的源头，有极为重要的生态地位。开化有钱江源国家森林公园、古田山自然保护区等生态旅游资源，拥有全球保存最好的中亚热带低海拔原生态常绿阔叶林，被誉为“中国天然氧吧”。钱塘江源头优越的生态环境孕育了品质卓越的农产品，开化龙顶、开化清水鱼、开化杜仲茶等声名在外，开化青蛳更是被《舌尖上的中国》重点推荐，成为众多美食老饕的心头好。迄今，开化县已经获得中国根雕艺术之乡、中国龙顶名茶之乡、中国生态美食之乡、中国白颈长尾雉之乡、中国金针菇之乡等诸多荣誉。

钱塘江源头已经成为浙江消费者心目中优良生态环境的代名词。同时，考虑到“钱江源”已经成为注册商标，开化县最终确立以“钱江源”作为县域多品类农产品区域公用品牌的名称。

二、品牌口号：有源，自然相见

从农旅资源优势和消费者旅游消费需求看，因为地处钱塘江源头，是生态环境重点保护之地，开化县是向往自然山水、生态森林游客的旅游目的地；因为良好的生态环境和纯净水质孕育了开化清水鱼、开化青蛳、开化龙顶等美食美饮，开化也是向往美食的游客念念不忘的好去处；因为这里有震撼人心的“根宫佛国”，是中国根雕艺术之乡，开化还是与佛有缘、寻求人生缘分的有缘人想去的朝拜圣地。

因此，“钱江源”确立品牌口号为“有源，自然相见”。品牌口号高度关联“有缘自然相见”俗语，强化“源”是开化农产品区域公用品牌最重要的一张底牌。

“有源，自然相见”有三层含义：作为浙江母亲河钱塘江的源头，在以开化为中心的1小时交通圈内有黄山、三清山、千岛湖等9个5A级旅游景区，开化期待与这些亲近山水的游客在大自然遇见；作为品牌名称“钱江源”，期待能够走进千家万户的餐桌，通过农产品将开化的自然生态优势和开化的生活方式传递给消费者；作为谐音关联的因果关系，“钱江源”可以理解为一种载体和介质，通过它传递人与自然、人与人、消费者与农产品之间的情感关系，达成一种价值观层面的对话与交流。

三、品牌符号：品牌LOGO

“钱江源”品牌LOGO紧贴“生态”核心理念进行设计，从青山绿水概念中提取青绿色作为主色调，给人一种“只此青绿”的整体印象。品牌LOGO采用了中国山水画中水墨晕染的艺术效果，在字体设计上对笔画做了原生态处理，形成类似石块堆积而成的效果。“江”字直接采用了山峰造型，形成一幅山倒映在水中的青绿山水画面。

“钱江源”品牌LOGO

品牌主形象以纯自然山水呈现，没有人为的痕迹，传达出静谧、清幽的心理感受。根据开化农产品生态好、产量少、品质高、需求旺盛的特点，品牌LOGO添加了“开化限量版生态珍品”品牌定位和“开化”印章，持续传播开化与钱江源之间在区域上的相互指代关系。

四、品牌符号：品牌辅助图形

“钱江源”品牌辅助形象是对品牌主形象所描绘的山水意境的具象化表达，也是对开化生态价值的直观表达。基于“钱江源”品牌的“源”处生态价值，品牌辅助图形选择以钱江源国家森林公园作为创作主画面，以独特的生态样貌凸显品牌独特的生态价值。

辅助图形中，远景是云雾缭绕的峰峦、掠过天际的飞鸟；中景是茂密葱茏的林海；近景是浙江母亲河从“钱江源”石碑处缓缓流出，由溪流汇聚为澎湃钱塘江。画面最前方是开放式水流，是对源远流长的钱塘江意象的“留白”，也是给予消费者想象的“留白”。

近景的江水里是清晰可见的开化清水鱼，江边是钱江源国家公园特有的野生动物——白颈长尾雉、白鹇与黑麂，凸显区域生态价值和区域代表性。

品牌辅助图形延续了在色彩上的偏冷处理方式和在调性上的“幽

静”格调，仿佛这是一处无人涉入的原始状态的自然森林，只有多样的植物和动物兀自生长。

“钱江源”品牌辅助图形

嵩上好礼

一、品牌名称：嵩上好礼

“嵩上好礼”是河南省嵩县打造的多品类农产品区域公用品牌，2021年3月嵩县农业农村发展有限公司为其注册了多个类别的一般商标。

嵩县位于河南省西南部，因处于嵩山起脉处而得名，属于北亚热带向暖温带过渡气候。不同于中原粮仓河南的大部分平原地带，嵩县深山区占95%、浅山丘陵区占4.5%、平川区只有0.5%。

嵩县农产品品种多、品质优，为实现产品的优质优价，对接当代消费者对高品质农产品的需求，近年来确立了以农产品区域公用品牌为引领走精品化、精致化的发展道路。

在此背景下，考虑到嵩县作为产品的原产地知名度不高的现状，确立品牌名称为“嵩上好礼”。一方面，品牌名称突出“嵩”字，传播县域形象，告知消费者好礼的来源地；另一方面，“好礼”意味着在精品化、精致化发展战略下，嵩县为消费者奉上堪称好礼的高品质农产品。

“嵩上好礼”在妙用“送上好礼”概念的同时，也可以与嵩县的旅游业形成良好互动，成为游客的精品伴手礼。在消费者的日常馈赠中，品牌名称也表达了相互之间赠送礼品的温暖内涵。

二、品牌口号：山河集萃，理当美味

嵩县山岳纵横，被伏牛山、熊耳山、外方山三山环抱；水系发达，境内伊河、汝河、白河分别汇入黄河、淮河、长江，一县跨越三个流域。以深山区为主的地理特征使这里植被茂密，污染少，适合生产绿色、有机农产品。

由此，“嵩上好礼”确立品牌口号为“山河集萃，理当美味”。该口号简洁明了，将嵩县农产品的产地优势、产品优势直接传递给消费者，同时对品牌名称进行阐释。

品牌口号有节奏感和韵律感，非常便于传播和记忆，与区域山水旅游资源可以很好地开展跨界传播，言语之间充满了区域自豪感和品牌自信。

三、品牌符号：品牌LOGO

“嵩上好礼”品牌LOGO以印章凸显嵩县农产品区域公用品牌的权威性与公信力。印章之中的文字，是一个融合了“嵩”与“县”的字形结构，有很强的区域差异化特征。该图形也融入了山形与当地建筑的阁楼造型，并使用正红的色彩强化“理当”的底气。

嵩上好礼
-嵩县精致农礼-

“嵩上好礼”品牌LOGO

四、品牌符号：品牌辅助图形

品牌辅助图形是一副秀美的山水画，展现嵩县九山半陵半分川的地形地貌，以及植被茂密、山清水秀的产地环境。

辅助图形展现了嵩县几大标志性元素：白云山、银杏谷、云岩寺等，巧妙呼应了LOGO形象和品牌口号，将“嵩”字的笔画设计成河流的形状，自然地融入山水画中。在配色上，整体采用绿色色调，对嵩县山地丘陵地貌与海拔落差用不同透明度的绿色进行展示，呈现嵩县独特的自然生态环境。

“嵩上好礼”品牌辅助图形

宿有千香

一、品牌名称：宿有千香

“宿有千香”是江苏省宿迁市打造的多品类农产品区域公用品牌，2019年7月宿迁市农业技术综合服务中心为其注册了多个类别的一般商标。

宿迁是江苏省地级市，简称宿，曾是宿国都城，是西楚霸王项羽的故乡，有5000多年的文明史和2700多年的建城史，素有“华夏文明之脉、江苏文明之根、淮河文明之源、楚汉文化之魂”之称。

宿迁也称水城，是典型的苏北水乡，北有骆马湖、南有洪泽湖，京杭大运河、古黄河、淮沭新河等河流穿境而过，拥有纵横交错的水网和360多万亩的原生态水域面积。

宿迁建有680多万亩的高标准耕地。自然造就的五色土壤，拥有较高的有机质含量，千里沃野传承着8300多年的稻作文脉。经过千百年自然优选与科技赋能，宿迁的优质粮食、高效水产、精品花木、绿色果蔬和生态畜禽等特色主导农业产业已基本形成。

在文化上，宿迁是项羽的故乡，流传着千古传奇；是酒文化发源地，洋河、双沟两大名酒千里飘香；乾隆六次下江南中，有五次驻足此地，被誉为“第一江山春好处”。

作为江苏省最年轻的地级市，宿迁不仅有千顷沃野、千里活水、千古传奇、千年农耕和千挑万选的农产品，也是一座活力之城，每天都在发生着万千变化。

因此，宿迁确立农产品区域公用品牌名称为“宿有千香”。“宿有千香”品牌名称将区域名称“宿迁”以语音的形式镶嵌进来，一定程度上规避了县域及以上地名注册商标的难度和风险；表达了宿迁万千农产品的丰富多样性和产品特色；“宿”指代宿迁，既可以客观地表达宿迁有丰富的高品质农产，也可以通过“素有千香”的谐音，表达宿迁的历史文化特征，即“自古以来就有”的特征，显示品牌的自信与实力。

二、品牌口号：农好宿迁，千香之源

宿迁在近年来的农产品推介活动中一直在使用“农好宿迁”，积累了一定的知名度和品牌声誉。从继承品牌资产的角度出发，进一步链接品牌名称所传达的“千香”内涵，“宿有千香”确定品牌口号为“农好宿迁，千香之源”。

“农好宿迁”在最直白的字面意思上，对宿迁环境好、农人好、技术好、产品好等方面作了表达。如果从长三角一体化发展，特别是从上海都市目标市场的角度看，它与沪语中的问候语“侬好”发音一样，具有很强的拟人化特征，有利于增强在目标市场上的品牌传播力。

“千香之源”承接品牌名称，表达了宿迁作为人类文明起源（5万年前的下草湾古人类遗址）、农耕文明起源（8000多年的人工种植水稻遗址）、万千农产来源、人文故事起源（项羽与虞姬的传奇故事发源地）的多种含义。

三、品牌符号：品牌LOGO

“宿有千香”品牌LOGO设计以“千里飘香”为创意原点，凸显品牌内涵，传达缤纷多彩的美好寓意。整体上，品牌LOGO是品牌名称的字体设计，笔画上采用了“香气袅袅”飘散的设计风格。通过字体笔画的处理，“宿有千香”在字形上更靠近“宿有迁香”。

“宿有千香”品牌LOGO

在颜色搭配上，品牌LOGO采用了四种主色调，凸显宿迁农业的多元价值。绿色，为原生态的色彩，代表了宿迁万千绿色物产；蓝色，为活水的色彩，代表宿迁360万亩活水面积，强化生态优势；黄色，为土壤的色彩，代表宿迁680多万亩肥沃的耕地；红色，为战旗的色彩，代表宿迁的楚汉文化底蕴。

在字形、笔画与颜色的匹配上，品牌LOGO也赋予它多重含义。黄色用在“日月”上，代表时间与天地，表现8000多年的稻作历史与优质的生态地理条件；蓝色用在“千百”上，表现因地处南北交界而形成的千姿百态的农产品；绿色用在“禾”上，表现品牌的农产品属性；红色用在“宀”上，代表“家”，表现宿迁农产品借助品牌走向万千家庭餐桌的意思。

四、品牌符号：品牌辅助图形

“宿有千香”品牌辅助图形延续了品牌主形象多姿多彩的风格，以夸张的手法对宿迁的代表性农产品如八集小花生、泗洪大米、洪泽湖大闸蟹、丁嘴金菜、洋北西瓜等进行刻画，并通过动漫小人与农产品的互动，营造一幅充满趣味和人间烟火气的场景。辅助图形也将宿迁最具代表性的英雄人物项羽的形象纳入进来，强化品牌的历史人文内涵。

辅助图形的配色与宿迁农产品的种类相匹配，呈现出多彩特征，是“千香”的另一种视觉表达，配合图中的祥瑞云纹，给人一种香气四溢、扑鼻而来的现场感，将“宿有千香”的品牌内涵阐释得淋漓尽致。

“宿有千香”品牌辅助图形

天生云阳

一、品牌名称：天生云阳

“天生云阳”是重庆市云阳县打造的覆盖全县域、多品类、全产业链的农产品区域公用品牌，2017年获得国家工商总局商标局核准注册的一般商标，注册申请主体为云阳县农产品质量安全监督管理站。

云阳县地处重庆市东北部，位于长江三峡核心腹地，得益于2300余年的历史积淀和多次人口迁移，巴蜀文化、土家文化等具有鲜明特征的文化在这里生根发芽，为云阳县农产品区域公用品牌建设提供了深厚的文化底蕴。

云阳环境天生优异，几无工业污染；云阳农作天生优质，遵循自然法则；云阳农人天生热情，诚恳发自内心。云阳天然地具有打造农产品区域公用品牌的优势，是一片还未被认识到稀缺价值的区域。

因此，本案以“天生”这一能够传递原生、淳正、淳朴内涵的概念表现云阳农产品区域公用品牌的价值内涵，确立品牌名称为“天生云阳”。

“天生云阳”准确表达出云阳原生态的自然环境、遵循自然法则的生产理念和发自内心的务农赤子情感，具有浑然天成的自然气息和天生我才的自信气质。另一方面，“天生”这一概念在我国农业品牌、尤其是农产品区域公用品牌中尚未被占用，这为云阳县农产品区域公用品牌占领消费者心智、抢占市场先机提供了良好机会。

二、品牌口号：万里长江，天生云阳

消费者调查发现，“云阳”作为一个区域名称，在全国范围内并不为广大消费者所熟悉。因此，需要借助一个具有广泛认知的概念作为参照坐标系去定位云阳，以带动“天生云阳”的传播。这便是品牌传播中常用的借势占位策略。

云阳县依长江两岸而生，是三峡库区的腹地。长江作为我国第一大河，在全国乃至全世界都具有重要影响力，是中华民族文化的发源地之一，与黄河流域文明不断交融与更替发展，共同支撑着具有强大生命力的中华文明。云阳农产品的天生品质正是源自长江水的滋养和三峡腹地的小气候环境。

“天生云阳”以长江为区域背书，界定云阳在整个长江流域中的差异性和优势，确立品牌口号为“万里长江，天生云阳”。该品牌口号将长江与云阳进行深度链接，增强云阳的“破圈”传播能力，凸显长江流域农产品区域公用品牌的引领气质和自信底气。

三、品牌符号：品牌LOGO

云阳县的地理环境特征为岭谷纵横、群山林立的喀斯特地貌，因此，造就了云阳农地多以梯田为主的耕作形态，成就了云阳城区这座“三峡梯城”的美名。

“天生云阳”品牌LOGO设计以“云”“阳”两个汉字为基础，用流畅笔触勾勒出云雾缭绕、山林耸立的云阳环境特征，传达出如此原生环境下孕育出的云阳农产品的优异品质。层层叠叠的云纹传达了这座“三峡梯城”的祥瑞气质和品牌的进取气度。整体设计介于汉字与图形之间，但不失识别度，有利于品牌传播。

“天生云阳”品牌LOGO

四、品牌符号：品牌辅助图形

“天生云阳”品牌辅助图形将山峰、云雾、梯田等云阳的自然特征和代表农产品形象的橙子、天麻、蜂蜜、菊花、茶叶、面条进行了灵活组合，形成一幅原生态山林掩藏稀缺优质农产品的物产图。辅助图形用物产的丰富性对接消费者消费的多元性。

“天生云阳”品牌辅助图形

潍坊农品

一、品牌名称：潍坊农品

潍坊，一座农业文化与人文气息丰富的城市。在距今约1500年前，被誉为“中国古代农业百科全书”、世界农学史上最早专著之一的《齐民要术》诞生于潍坊；被誉为“农圣”的作者贾思勰，也是潍坊人。《齐民要术》涵盖农、林、牧、渔多方面的生产技术知识，不仅构建了较为完整的农业科学体系，更富有重要的政治智慧与深刻的哲学思想。在潍坊农业丰富却又分散的文化脉络中，《齐民要术》是贯穿其中的一大命脉，潍坊农业在从古至今的千余年发展历程中，始终秉持这一伟大著作中的诸多思想精华，这是潍坊农业发展的历史财富。

潍坊农业在《齐民要术》等历史经验与传统智慧的基础上，开展现代农业发展的路径探索。如今，潍坊农业已呈现主导产业优势突出、各地农业区域特色明显、农业标准化水平较高、农产品加工出口能力强、示范园区引领带动作用明显等强劲优势。

基于品牌核心价值，潍坊市委、市政府提出了潍坊农产品区域公用品牌的品牌名称为“潍坊农品”。该品牌名称体现了潍坊农产品区域公用品牌的品牌性质，将区域名称与产品特征进行结合，更为直白地向消费者传递品牌信息，避免了消费者对品牌的过度解读，便于品牌传播。

二、品牌口号：齐民要术地，中国食品谷

品牌口号是品牌核心价值的直接表现。“潍坊农品”品牌口号从潍坊1500余年深厚的文化历史出发，将那源远流长的历史融入到品牌口号中，丰富了“潍坊农品”的品牌内涵，同时将潍坊悠久的历史与消费者建立起深层次的情感链接，引起消费者共鸣，最终提炼出“齐民要术地”。

2012年，潍坊市委、市政府提出规划建设“中国食品谷”，使之成为引领未来潍坊农业经济发展的龙头和重要平台。

综合以上内容，“潍坊农品”将潍坊农业发展的历史财富与现实资源进行融合，确定了潍坊农产品区域公用品牌的品牌口号为“齐民要术地，中国食品谷”。这一口号体现了潍坊农业的历史传承，也展现了潍坊农业的现代风貌，将潍坊农业的传统智慧、农法哲学与新技术、新产业、新业态、新模式进行了有机结合。

三、品牌符号：品牌LOGO

“潍坊农品”品牌LOGO将潍坊农业的历史财富与现实资源进行符号化元素提取，并结合潍坊城市形象进行创意设计。

在设计上，以潍坊作为“世界风筝都”的符号象征——蝴蝶风筝作为形象创意的基础。LOGO上部，以抽

“潍坊农品”品牌LOGO

象的符号描绘出潍坊农业旭日东升的勃勃生机；LOGO中部由艺术化的“潍坊农品”品牌名称构成，便于形成消费认知；LOGO下部由传统的农耕场景与潍坊具有代表性的农产品形象构成，体现潍坊农业的历史财富与现实资源；在主形象下方，冠以品牌口号“齐民要术地·中国食品谷”，强化品牌传播。

在配色上，以代表新鲜的绿色和代表日光、丰收的金色为主要色调，升华“潍坊农品”的品牌核心价值与主形象。

四、品牌符号：品牌辅助图形

“潍坊农品”品牌辅助图形以品牌主形象为基础，将潍坊种类繁多的特色农产品、辛勤劳作的农民以品牌LOGO的造型展现出来。通过不断强化“蝴蝶风筝”的意象，在消费者心目中建构起品牌与潍坊之间的消费认知。

在实际应用中，品牌辅助图形与品牌LOGO同时应用于品牌传播、产品包装等传播物料中，形成调性统一却又内容丰富的视觉效果，以丰富品牌整体形象。

“潍坊农品”品牌辅助图形

吴上兴鲜

一、品牌名称：吴上兴鲜

“吴上兴鲜”是浙江省湖州市吴兴区打造的多品类农产品区域公用品牌，2019年2月湖州市吴兴区农林技术推广服务中心（吴兴区农产品质量安全检测中心、吴兴区植物检疫站、吴兴区土肥测试中心）为其注册了多个类别的一般商标。

吴兴区位于太湖正南边，优良的水体环境孕育了丰富的湖鲜产品；其地理位置优越，交通便利，距离上海、杭州、南京等大城市都非常近，能够借助便捷的物流保障农产品新鲜直达；吴兴农人根据自然环境条件和市场需求，以精耕细作的种养方式，生产新鲜的鱼虾、水果、蔬菜、羊肉等农产品。

一方面，优良的生态环境生产出了新鲜、鲜活、鲜嫩的农产品，优越的区位优势保障了这些产品在到达消费者餐桌时的新鲜；另一方面新鲜也是消费者对农产品的价值追求。从吴兴区来的农产品尤其具备这种特性。因此，本案确立吴兴区农产品区域公用品牌名称为“吴上兴鲜”。

“吴上”字面意思意为吴地奉上、来自吴兴区；从谐音的角度同

“无上”，寓意着无人能出其右、没有比这更好的。“兴鲜”是时兴、流行新鲜，表达了吴兴推崇鲜味的饮食方式；“兴鲜”发音近似“新鲜”，给消费者传输吴地盛产新鲜食材、品牌提供新鲜产品的价值主张。“吴上兴鲜”是一个极具张力和价值感的品牌名称。

二、品牌口号：太湖正南边，吴兴百味鲜

从资源优势来看，吴兴位于太湖的正南边，太湖是吴兴农产品的生命之源，正是因为太湖原生态的水体环境，才孕育了吴兴这片土地的鲜品。太湖是中国著名的淡水湖之一，在长三角地区具有极高的知名度和美誉度。

从产品特点来看，吴兴所产的鲜活水产、鲜香稻米、鲜甜水果、鲜爽蔬菜、鲜嫩羊肉等特色农产品，共同成就了吴兴百姓的日常滋味，也是吴兴呈献给长三角都市消费者的新鲜滋味。

因此，“吴上兴鲜”确立品牌口号为“太湖正南边，吴兴百味鲜”。品牌口号借助太湖这一著名地标对吴兴区进行精确定位，增强品牌联想；借助“百味鲜”来突出区域产品的多样性特征和饮食特征，对接消费者的多元需求。品牌口号朗朗上口，具有较强的传播力，易于记忆与传播。

三、品牌符号：品牌LOGO

“吴上兴鲜”品牌LOGO整体形象设计是一个抽象的“鲜”字，用抽象线条图形的形式演绎了“鱼羊为鲜”的文字内涵。图形左边是羊头和鱼头的造型设计，右边则是鱼尾与植物的秧苗，下方是象征着太湖水系的水滴形态。

吴兴区的湖羊和湖鲜是最能代表品牌价值主张“鲜”的两个农产

品品类。因此，品牌LOGO紧紧围绕着羊、鱼和太湖水三个元素，运用写意线条，勾勒出“鲜”字图形设计，强调“鲜”的品牌内涵。

在色彩上，以天空蓝、海草绿为主色调，凸显南太湖的生态环境，宣示“吴上兴鲜”产品是产自太湖南岸的绿色、原生态新鲜农产品。

吴上兴鲜

太湖正南边 | 吴兴百味鲜

“吴上兴鲜”品牌LOGO

四、品牌符号：品牌辅助图形

“吴上兴鲜”品牌辅助图形再现了产自太湖南岸的丰富农产品，大闸蟹、太湖鱼虾、芦笋、竹笋、蜜桃、湖羊、茶叶、稻米等各种鲜味均有呈现。不仅如此，辅助图形还将太湖标志性建筑月亮酒店呈现出来，以强化区域特征。

除缤纷的产品颜色外，辅助图形采用了湖蓝色的底色，表达吴兴良好的生态环境，营造一幅太湖丰饶物产图，与品牌口号“太湖正南边，吴兴百味鲜”形成相互印证的关系。

“吴上兴鲜”品牌辅助图形

物皇南北

一、品牌名称：物皇南北

“物阜南北”是安徽省阜阳市阜南县打造的多品类农产品区域公用品牌，2019年2月阜南县农业技术推广中心为其注册了多个类别的一般商标。

阜南位于淮河北岸，气候具有明显的过渡带气候特征，兼有南北气候之优劣，春温多变，夏雨集中，秋高气爽，冬季寒冷。秦岭—淮河是中国南北地理分界线、湿润区和半湿润区的分界线、1月0℃等温线的界限、暖温带和亚热带分界线、亚热带季风气候和温带季风气候的分界线。

处于亚热带北侧、暖温带南缘的阜南，水和光能资源丰富，适宜发展农林牧渔等各产业。另外，由于阜南的地形主要是岗地、坡地、湾地，呈现“大平小不平”的特点，夏季降水集中，旱涝灾害频发。

在此背景下，阜南人一面利用气候优势和资源条件，因势利导，发展特色农业；一面发挥富余劳动力的优势，外出务工，走南闯北。阜南的农产品就随着这些外出务工人员，北上南下，走向全国。

从气候特征、自然资源、农业特征和人文特征方面看，阜南是一个“兼具南北”的神奇区域。因此，本案确立阜南农产品区域公用品牌名称为“物阜南北”。

“物阜”指物产丰盛，我国有“物阜民安”“物阜民丰”等表示物产丰富、国泰民安、社会繁荣和谐的成语，且流传甚广。对阜南而言，“物阜”也是这里因兼有南北气候特征而盛产多种农产品、生活富足的表达。

而“南北”，实指意义上指阜南是南北气候分界线上的区域，虚指意义上指大江南北、祖国各地，是对品牌产品走向全国市场的祝愿，是对区域和国家发展愿景的期冀。

“物阜南北”在表达阜南物产丰富、农产品通达祖国南北各地的同时，也巧妙地将“阜南”地名镶嵌其中，彰显其独特的地理位置和气候特征。

二、品牌口号：淮报天地，物阜南北

阜南是淮河文化的发祥地之一，出土了商周时期青铜器“龙虎尊”等一批国家级文物。淮河流经此地，形成滩涂湿地，生长出洁白如玉、坚韧如藤的阜南杞柳，成就了闻名中外的柳编产业。淮河之水灌溉了阜南的土壤，滋润了阜南的文化；阜南人精耕细作，用凝聚了本地风土文化的原生态农产品回报社会。

在精神层面上，阜南也有一颗拳拳爱国之心。阜南境内王家坝闸和蒙洼蓄洪库担负着淮河防汛抗洪、保障中下游安全的重任，是淮河防汛抗洪中开启次数最多、最频繁的蓄洪库。阜南人民为保障淮河流域汛期安全做出了巨大牺牲，被温家宝总理誉为“王家坝精神”。这种舍弃小家、心系国家、胸怀天下的精神是阜南人重要的情操和品格。

综上，确定阜南农产品区域公用品牌的品牌口号为“淮报天地，物阜南北”。“淮报”是阜南所处的淮河流域对天地馈赠的回报，也是阜南人怀抱天下的精神品格的表达。

三、品牌符号：品牌LOGO

“物阜南北”品牌LOGO是由“阜”字的声母“F”演变成的一面近似“阜”字的旗帜，由普照万物的朝阳、阜南文化之源淮河、生机盎然的绿色农田三部分象征元素组合而成。

“物阜南北”品牌LOGO

品牌LOGO以旗帜为意象，旨在歌颂阜南为淮河中下游汛期平安做出的巨大牺牲。某种意义上，“王家坝精神”就是引领阜南农人艰苦奋斗的一面旗帜。

在配色上，品牌LOGO选择代表原野的绿色、代表河流的蓝色和代表日光的橙红色，将阜南农产品优良的生长环境呈现给消费者。

四、品牌符号：品牌辅助图形

“物阜南北”品牌辅助图形以版画的形式呈现了阜南的区域特征，以阜南最具特色的柳编、文化遗产嗨子戏为重要元素，将阜南的代表性水果、莲藕和条块分割的原野等元素融入进来，形成阜南原生农产图。品牌辅助图形选择篮子的造型，除呼应阜南特色杞柳柳编产业外，也象征着品牌是区域市场的“菜篮子”“果盘子”和“粮袋子”。

“物阜南北”品牌辅助图形

武阳春雨

一、品牌名称：武阳春雨

“武阳春雨”原为浙江省武义县茶叶单品类农产品区域公用品牌，2017年12月获得农业部批准的农产品地理标志登记保护，注册商标类型为一般商标。2018年底，“武阳春雨”基于品牌核心价值进行品牌延伸，成为多品类农产品区域公用品牌。

二、品牌口号：润生万物，滋养众生；武阳春雨，温润你的日子

品牌口号是品牌态度、品牌核心价值、品牌调性、品牌消费利益的直接体现。“武阳春雨”生长于烟雨江南腹地的武义县，平均气温在17℃左右，山水温润；这里是长三角著名的温泉康养胜地，日子温润；品牌延伸品类的农产品大多具有降燥祛火的功效，物产温润；这里拥有原生自然的景观和慢生活节奏，身心温润。因此，确立“武阳春雨”品牌口号为“润生万物，滋养众生”。

品牌口号很好地延续了茶叶品类武阳春雨的原有品牌认知；蕴含

了传统文化春雨润生万物的美好联想，“三生万物”与“众生”概念是武义道家文化的体现，有利于进一步引发并强化消费者对于“武阳春雨”品牌的正面联想；点明旗下产品具有润心润肺、食养身心的优越品质；贴合目标消费人群在浮躁、急躁、火燥的工作生活习惯与饮食消费习惯下，对健康、降燥、食养的消费需求；在传递“武阳春雨”品牌内涵的同时，与武义县“温泉之城”的城市形象相辅相成，向广大消费者彰显了武义县区域内山水滋养、温泉康养的地理印象。

“润生万物，滋养众生”有利于确立品牌的市场角色，即多品类、全区域、品质化的农产品品牌，塑造全国性品牌形象和影响力，有利于实现品牌从单品类到全品类、从区域到全国的发展愿景。

为进一步增加“武阳春雨”品牌的情感性、人性化和延展性，方便与目标市场消费者互动对话以及后续开展营销、展会等活动，传递品牌温度，“武阳春雨”还确立品牌传播副口号为“温润你的日子”。

“温润你的日子”以口语对话的形式，向消费者传达了品牌态度，针对目标消费群体“远离喧嚣高压都市，追求健康润养生活”的内在需求，量身打造熨籍人心的“温润”态度与形象，将品牌拟人化，传递品牌主张，勾勒出武义山水如画、人情温润的美好生活，既包含“气候、山水、农产、人情”，又“有人物、有场景、有故事”。品牌副口号向消费者描绘了岁月静好、现世安稳的生活画卷，有利于后续开展多元传播活动，提升品牌整体延展性。

三、品牌符号：品牌LOGO

“武阳春雨”品牌LOGO整体形象设计以武义县道家文化的太极图为基础，寓意武义的温养环境、隐逸文化和俞源村太极星象，象征农业循环永续发展、品牌生生不息。

在造型上，采用江南园林常见的圆形门、雕花窗格等意象，大量汲取武义的优势农产品和建筑地标元素——熟溪桥的门楼飞檐、武义古村落常见的徽派屋檐和小窗、宣莲、茶叶以及蜜梨，通过对这些元素的抽象和柔性化处理，构建出“武阳春雨”的品牌名称，营造出一幅江南烟雨的温婉意境。宣莲的荷花采用红色，形成醒目的点睛效果；蜜梨的造型似太阳，与斜对角的“日”相呼应，呈现出太极图中阴眼和阳眼的微妙效果；茶叶以雨滴的形状处理，对应武阳春雨的品牌名称，呼应品牌最早作为“针形茶，手扬似落雨”的历史渊源。

“武阳春雨”品牌LOGO

四、品牌符号：品牌辅助图形

“武阳春雨”辅助图形将传统古韵水墨风格与现代插画风格进行结合设计而成。设计中糅合了武义县产业与人文的代表元素——茶叶（宣莲）、菌菇（食用菌）、梨花（桐琴蜜梨）、刀豆（高山蔬菜）、大米与武义牛头山等，将茶叶等化作春雨滋养万物，描绘出一幅于山水之间柔软生长的“武阳春雨”物产图，印证消费者内心深处烟雨朦胧的江南印象。

“武阳春雨”品牌辅助图形

湘西香伴

一、品牌名称：湘西香伴

“湘西香伴”是湖南省湘西土家族苗族自治州打造的多品类农产品区域公用品牌。

湘西州位于湖南省西北部，地处湘、鄂、黔、渝四省（直辖市）交界处，是首批国家全域旅游示范区之一。湘西州风景优美，生态优良，有大量的人文古迹和自然景观，既有老司城遗址、凤凰古城等十多处历史文化遗址，也有凤凰风景名胜区、德夯风景名胜区等自然景观，更有数十处苗镇古寨和多处地质公园、湿地公园、森林公园以及水利风景区。

湘西州绝佳的生态环境及其生产出来的原生态农产品，是这个时代最稀缺的资源，是最值得珍惜的绿水青山。唯有珍惜，才能长久地留住这片不事雕琢的山水，才能维护这片没有污染的世外桃源。因此，湘西州是一片值得“相惜相伴”的乐土、净土，无论是湘西人还是消费者，都应该珍惜这里的原生态环境和农产品，守护好这片绿水青山，为它的持续发展贡献力量。

基于“相惜相伴”所体现出来的湘西环境、湘西物产和消费者之间的互动关系，本案确立湘西州农产品区域公用品牌名称为“湘西香伴”。品牌名称具备三重意义：一为体现湘西农产品责任，是湘西给出的农产品承诺，湘西的优质安心农产品，将会一直陪伴在每一位消费者身边；二为体现湘西生态责任，湘西在发展过程中，将会一直守护湘西的优越生态和绿水青山，与自然山水“相惜相伴”；三为体现湘西时代责任，无论这个时代如何变化，湘西人民依旧会坚守初心，用优越生态与优质农物，回馈这个时代。

二、品牌口号：绿水青山，湘西香伴

“湘西香伴”品牌口号重点强调了湘西独特的自然资源和旅游资源，揭示了湘西地理条件与湘西农产品的深层链接，正是因为有武陵山、酉水为代表的青山绿水的滋养，才有了湘西的高品质农产品。

品牌口号紧贴时代脉搏，践行“绿水青山就是金山银山”的生态文明发展战略，与湘西丰富而独特的人文、自然旅游资源非常匹配。从传播的角度看，“绿水青山”自带流量，是极具社会认知度和传播力的概念。

借助品牌口号，“湘西香伴”也传达了品牌的价值理念，即湘西过去与绿水青山相伴，生产原生态农产品，现在和将来亦如是；中国的每一个区域都应该如此，都应该像湘西一样，生态优先，践行“两山”理论。

三、品牌符号：品牌LOGO

“湘西香伴”品牌LOGO充分考虑了湘西州作为土家族苗族自治州的民族元素和服饰纹样，提取了苗族银项圈和牛角头饰造型，将土家族的“四十八勾”图案和苗族的蝴蝶纹点缀其间，形成极具民族风情的标志设计。

“湘西香伴”品牌LOGO

四、品牌符号：品牌辅助图形

“湘西香伴”品牌辅助图形创意源自湘西多彩山地、多彩服饰、多彩农产三大特征，旨在唤醒消费者对神秘湘西的好奇。品牌辅助图形将湘西山水环境、农业场景、民居建筑等元素融合，形成了一幅色彩斑斓、饱和度高的山水画卷。

在配色上，品牌辅助图形以极具少数民族风情的多彩艺术形式进行呈现，塑造品牌差异性特征，形成独特的“湘西香伴”品牌视觉体系。

“湘西香伴”品牌辅助图形

一江津彩

一、品牌名称：一江津彩

“一江津彩”是重庆市江津区打造的多品类农产品区域公用品牌，2019年3月重庆市江津区农产品质量安全中心为其注册了多个类别的一般商标。

江津位于重庆市西南部，因地处长江要津而得名，是一座“依水而生”的城市，长江全面而深刻地影响到它的方方面面。概括起来，可以总结为四个方面。

江津，汇聚一江山水精彩。长江穿江津区全境而过，蜿蜒127公里。长江大大小小的支流为江津提供了丰沛的水源。因为长江水，江津的青山和丘陵才更具灵性，与众不同。“伏湍煦前石，瀑水生轮风。流动无昼夜，喷薄龙门中。潭河势不测，藻葩垂彩虹。”江津山水景点众多：国家5A级景区四面山尤为著名，以原始森林为主要特征，溪流、飞瀑、湖泊各具特色；更有“万里长江第一大佛”、云雾坪景区等。

江津，汇聚一江文化精彩。江津是长江文化中巴蜀文化的汇聚地，巴文化的崇武尚勇与蜀文化的平和闲适在这里交融。江津文化包容并蓄、多元并存，拥有六大文化名片：以爱情天梯著称的爱情文化，以天下第一长联著称的楹联文化，以百岁老人分布最均匀著称的长寿文化，以聂荣臻等为代表的抗战文化，以陈独秀等为代表的名人文化，以三大古镇为代表的古镇文化。

江津，汇聚一江农产精彩。江津农产品丰富，品类众多，长江流域的绝大多数农产品都可在此生长，因超过92%的土壤中等以上含硒而形成八大富硒农业产业：粮油、花椒、茶叶、蔬菜、水果、畜禽、水产、药材。现已建成富硒产业标准化种植基地40万亩、水产基地3.5万亩，富硒特色示范基地30多个。

江津，汇聚一江美食精彩。江津是中国长寿之乡、中国富硒美食之乡，昔日传统四大名优特产江津广柑、江津老白干、江津米花糖、江津花生沿着长江码头运往全国各地，铸就了最早的江津美食声誉；今日重庆十大美食之一的“江津肉片”、地方特色美食尖椒鸡、热拌兔等佳肴再次谱写新的美食篇章；当然更少不了长江纤夫发明的重庆火锅。

因此，江津区确立农产品区域公用品牌名称为“一江津彩”。品牌名称强化“长江”这一区域背书，将品牌格局提升至整个长江流域；将江津区域名称融入品牌名称，带有农产品的产区印记，但又不局限于农产品，为品牌向农旅融合方向发展保留延伸空间；采用谐音的形式，表达品牌的品质承诺和信誉，“一江津彩”避免了广告法所禁止的最高级形式，却隐喻了江津是整个长江精彩的代表者和集大成者。

二、品牌口号：一江精彩在江津

在对江津区自然禀赋和产业、文化、美食等方面回顾的基础上，可以发现，在长江流经的众多省份和县市的大格局里，江津是长江精彩的代表者和集大成者。

在江津，能通过流光溢彩的山水看到整个长江山水的精彩之处；

在江津，能通过繁盛出彩的文化看到整个长江文化的精彩之处；

在江津，能通过多姿多彩的物产看到整个长江物产的精彩之处；

在江津，能通过别样精彩的美食看到整个长江美食的精彩之处。

在江津这片3200平方公里的土地上，汇聚了长江流域山水的精彩、文化的精彩、物产的精彩、美食的精彩。因此，“一江津彩”确立品牌口号为“一江精彩在江津”。品牌口号对品牌名称进行阐释，并点明江津的特殊性。

三、品牌符号：品牌LOGO

“一江津彩”品牌LOGO以文字的形式呈现，将长江流经江津的几字形流势图融入其中，串联起品牌名称。整体造型有律动感，似江水波涛起伏。“津彩”二字的部分笔画化用山坡丘陵的造型，与江水流势笔画一起表现江津依山傍水的城市特性。“彩字”右侧三撇，以鱼的造型呈现，象征江津段长江上游三种国家保护珍稀特有鱼类（白鲟、达氏鲟、胭脂鱼）。

品牌LOGO将硒元素的符号“Se”与长江流势对接，融入津字，以充分传达江津土壤和农产品的富硒特色。

在色彩上，充分调动冷暖色调的对比性，展现品牌精彩特性。从整体上看，品牌主形象传达出江津农产品成长的山水环境、富硒特色和丰富多样性。

江津富硒养生农产品
Jiangjin Rich-Selenium Agricultural Products

“一江津彩”品牌LOGO

四、品牌符号：品牌辅助图形

“一江精彩”品牌辅助图形由主辅助图形和分辅助图形构成，主辅助图形由江津八大富硒产业代表性农产品的插画构成，再现江津农产品区域公用品牌的差异化核心价值——硒元素，具有典型的区域特征和视觉识别性。分辅助图形则是八大富硒产业的代表性农产品插画，与主辅助图形一脉相承，风格一致，形象统一，主要用于标识不同类型的农产品。

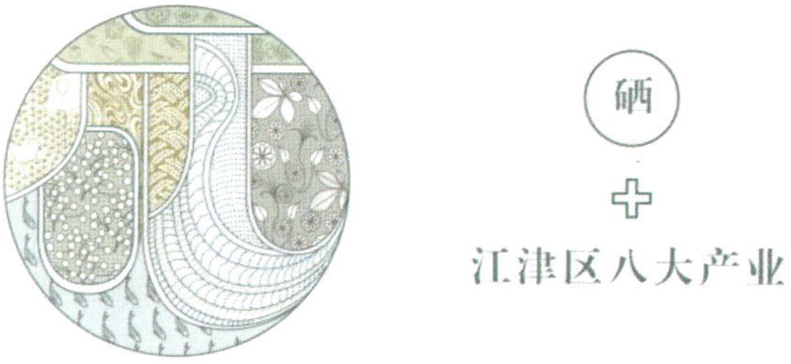

在设计上，辅助图形通过细腻线条将江津八大富硒产业活灵活现地展现给消费者，并且通过不同色彩区隔不同产业，传达产品信息，与品牌LOGO的“多彩”相配合，构建统一的品牌形象。

“一江精彩”品牌辅助图形

一座保山

一、品牌名称：一座保山

“一座保山”是云南省保山市打造的多品类农产品区域公用品牌，当前已由保山市优质农产品行业协会申请注册集体商标，正处于等待实质审查阶段。

保山位于云南省西南部，与缅甸交界，山区、半山区面积占全域面积的92%，是典型的农业山区。从生态环境、物产特征、文化形态等方面看，保山更是一座“宝山”。

保山是生态的。保山是中国最美文化生态旅游城市，其境内的高黎贡山是联合国教科文组织认定的世界生物圈保护区，也是国家级自然保护区。保山还拥有腾冲北海湿地和龙陵小黑山两个省级自然保护区。良好的生态环境赋予保山绿色、优质的农产品。

保山是物阜的。保山属低纬度山地亚热带季风气候，低纬度高原特征加上复杂地形造就了“一山分四季，十里不同天”的立体气候。保山农林牧渔各产业均有代表性的特色产品，是全国著名的“滇西粮仓”。保山是世界上最大的小粒咖啡种植基地，是全国最大的山葵、石斛、核桃、红花油茶种植基地。

保山是多彩的。保山是傣泰民族的发祥地，世居少数民族13种，是多民族共存、多样文化共生、多彩美景奇观共赏的和谐乐土。保山民族节日众多，各民族在世世代代的生产生活中留下了丰富而各具特色的民间音乐、舞蹈、曲艺等非物质文化遗产。

显然，保山就是一座生态、物阜、多彩的宝山。因此，本案确立品牌名称为“一座保山”，既强调保山这个区域，也传达谐音“宝山”的内涵。

品牌名称与区域内的“高黎贡山”的知名度和旅游资源有很强的契合度，可以借势“绿水青山就是金山银山”的发展战略，在未来进行延伸，成为与全域旅游深入融合的区域品牌。

二、品牌口号：寻味万水千山，还是一座保山

就保山市的农产品而言，它是生长在区域内92%的山区和半山区土地上的，是真正的藏于万水千山之中的农味；就保山市的农人而言，他们躬耕于万水千山之中，选择最适宜的土壤、气候、水质生产最适合的农产品，并最终将万千农产品带出大山，奉予消费者；就保山市的消费者而言，他们不仅追求藏于万水千山之中的淳真本味，也曾跨越万水千山去品尝这种滋味。

结合保山地形地貌特征、农产品地道风味和消费需求，确立品牌口号为“寻味万水千山，还是一座保山”。品牌口号简洁明了，朗朗上口，易于传播。“寻味万水千山”从消费者、生产者的角度出发，侧重“寻味”的过程和艰辛：走遍万水千山，才能找到心中的美食、舌尖上的味道；“还是一座保山”既是对品牌名称“一座保山”的强调，也是对消费者产地印象的强化，更表达了消费者“寻味”后的感慨，与“众里寻他千百度，蓦然回首，那人却在灯火阑珊处”有着异曲同工之妙，增添了值得回味的意境。

三、品牌符号：品牌LOGO

“一座保山”的品牌LOGO以“保山”二字为创意原点，将“保”字以及国际通用符号中代表山的“△”符号进行有机结合，同时融入表达“七彩云南”特色的色彩，最终形成具有地域特征和鲜明特色的独属于“一座保山”的超级符号。

在形式上，以“山”字在地图上国际通用的标识符号“△”作为创意基础图形，里面以“七彩”色块进行区隔、填充，形成一个“保”字和“山内有保、保外有山”的意境。

在色彩上，以“赤橙黄绿青蓝紫”七种色彩来寓意“七彩云南与多彩保山”的管辖关系。七种色彩，代表不同颜色的瓜果蔬菜，代表不同民族的和谐保山，寓意在“绿”水“青”山的生态中，以“赤”子之心，成就果实的“橙”、丰收的“黄”、产业的“蓝”、梦想的“紫”。

品牌LOGO整体上简洁大气、色彩丰富、地域性强、识别度高，有利于“用超级符号抢占消费者心智”，扁平化的色块设计具有很强的国际跨文化传播能力，能够为品牌传播节省成本。

“一座保山”品牌LOGO

四、品牌符号：品牌辅助图形

“一座保山”品牌辅助图形具有很强的云南多民族融合风情和地域风貌，以高黎贡山、怒江为蓝本，在多彩的元素里融入保山地方特产：保山小粒咖啡、昌宁古树茶、昌宁核桃、龙陵黄山羊、龙陵紫皮石斛、腾冲槟榔江水牛、明光小耳猪等，同时结合多民族服饰元素，描绘出一幅绿水青山、生态和谐、物产丰富、兼具民族特色的“宝山”画卷。

辅助图形色彩斑斓，延续了消费者对“七彩云南”的一贯认知；画面祥云密集，植被茂密，充满祥瑞之气，是一座藏着万千物产的宝山，恰如其分地诠释了品牌名称的内涵。

“一座保山”品牌辅助图形

禹上田园

一、品牌名称：禹上田园

“禹上田园”是浙江省杭州市余杭区打造的三产融合型、杭州风雅生活全景体验品牌，2018年9月由杭州市余杭区农业技术推广中心为其注册了一般商标，并于2019年7月进行了注册类别的扩展。

余杭区曾经地处杭州市东、西、北部，三面环抱杭州主城区，2021年3月，浙江省人民政府调整了杭州部分行政区划，原余杭区被拆分成余杭区和临平区，因此，现在的余杭区位于杭州城西和城北。

余杭区历史悠久，底蕴深厚，实证中华文明5000年历史的良渚古城遗址就位于余杭区的良渚街道和瓶窑镇。传说夏禹治水时，曾在此“舍舟登陆”，故名“禹航”，后因语音之讹，演变为今日余杭。杭州至今仍保留有“禹航路”。

因此，从历史渊源看，“独特韵味，别样精彩”的杭州其风雅清和的源头在余杭区。在延续了数千年的良渚农耕文明的基础上，余杭区近年来通过农业产业转型升级、结构调整，形成了以“百园农业”为基础的产业发展模式。

作为杭州主城区中外围一点的区域，余杭区既有现代城市的气韵，也有大量以农业园为特征的乡村田园。这里生产出的径山禅茶、鸬鸟蜜梨、塘西枇杷（现属于临平区）等农产品品质上佳，广受欢迎；这里还创造了花海观赏、稻作艺术、果蔬采摘等审美体验产品以及与农业休闲观光游和径山禅茶游等旅游资源相配套的高端民宿和在地餐饮，实现了物质功能消费与精神审美消费的叠加。

基于余杭深厚的文化底蕴、“百园农业”的产业特征和三产融合的发展趋势，同时考虑到已经成功注册的商标，余杭区确立其三产融合型区域公用品牌名称为“禹上田园”。

二、品牌口号：禹上田园，江南素来风雅

余杭区不仅是杭州江南风雅的发源地，更是以自己的独特韵味为今天的风雅钱塘增光添彩。余杭拥有典型的江南田园风光，四季分明，气候温暖湿润，阳光充足。曲折蜿蜒的苕溪水系和风景秀丽的禅茶文化圣地大径山在余杭的山、水和平原交相辉映中，自生幽情雅趣。

在“百园农业”产业模式引领下，余杭农业呈现出“生态、高效、精致、一镇一业”的特征，在旅游和消费时间上特色互补，赏梅、观樱、品茶、看花、尝鲜，皆是风雅趣事，不同时间有不同的农文旅消费体验。

在文化资源上，余杭的风雅之魂一直贯穿古今。良渚古城遗址出土的具有5000多年历史的精美玉器、陶器、乐器，无不有力地证明了当时的先人们过着他们那个时代能够实现的风雅生活。径山寺，江南五大禅院之首，曾是茶圣陆羽著经之所，也是日本茶道的源头，千余年来一直赓续“正清和雅”的禅茶文化，其展现精致风雅生活的径山茶宴已成为国家非物质文化遗产。

自古以来，余杭就是文人雅士云集之地。从良渚时期的能工巧匠到唐朝的茶圣陆羽，宋代的沈括、苏东坡，到清代戏剧大师洪昇，民

国时期扶雅堂的国学大师章太炎及其弟子、超山画梅的吴昌硕，再到当代西湖大学、阿里互联网精英人群的入驻，余杭的风雅承继，数千年不绝如缕。

显然，在余杭不止有一溪一山田园山水，也有不饰繁缛的一器一皿，更有适然幽趣的一禅一茶和风雅归心的一食一居。在这里，每一个生活的细节中，无不透露着流转千年的精致雅韵。

综上，“禹上田园”确定品牌口号为“禹上田园，江南素来风雅”。品牌口号从三个层面阐述了品牌的价值内涵：余杭区“禹上田园”是最具江南风情的示范地和风雅钱塘的发祥地；是风雅人士的聚集地和风雅生活的实践地；这种江南的风雅是与生俱来的、是内化为骨子里的一种内在气韵。

三、品牌符号：品牌LOGO

良渚古城遗址中出土的“玉琮”因其精美绝伦的纹饰和造型，成为良渚文化的典型器物和代表符号，在后世朝代不断被模仿，成为众多嗜玉爱好者和风雅人士欣赏把玩的对象，是风雅精神特质最具代表性的外化器物。

“禹上田园”品牌LOGO整体轮廓参照玉琮造型的平展图，用宋代书法风格对“禹上田园”品牌名称进行字体设计，以“新宋式美学”的审美取向体现区域和品牌的风雅特质。

“禹上田园”品牌LOGO

品牌LOGO也融入了余杭区的地理特征和产业元素，如山形、河流、田野和茶叶、枇杷、稻米、鲜花等，以展示其品牌属性；在色彩选择上，以径山茶为依据，选取了雅致绿作为主色调。

品牌LOGO整体上是宋代字画中的一枚闲章样式，象征着它就是余杭区这一幅诗意风雅画卷上的印章。这不正是品牌LOGO起源的本来含义吗？

四、品牌符号：品牌辅助图形

“禹上田园”品牌辅助图形以新宋式美学为核心设计理念，围绕“画里江南、梦里田园”的风格展开，采用凝聚了中国独特风雅韵味的折扇意象，就如同张艺谋在杭州G20峰会开幕式演出时采用的折扇意象一样，向世人徐徐展开一幅江南的风雅画卷。

折扇造型的意象在江南园林的建筑设计中也很常见。画面中汇聚了余杭区代表性农产品茶叶、蜜桃、枇杷、蜜梨等以及径山寺的建筑元素，起伏山丘的留白处像田园、像湖水、像层云，衬托着一轮红日。辅助图形精准地传达了“江南素来风雅”的价值内涵。

“禹上田园”品牌辅助图形

源味石柱

一、品牌名称：源味石柱

“源味石柱”是重庆市石柱土家族自治县打造的多品类农产品区域公用品牌，2017年12月石柱农业技术推广服务中心为其注册了多个类别的一般商标。

石柱县位于长江上游、重庆市东部，是集少数民族自治县、三峡库区淹没县、国家扶贫工作重点县于一体的特殊县。石柱县地形以中山、低山和丘陵为主，山地立体气候特征明显，境内土家族占人口的70%，素有“歌舞之乡”的声誉。

基于良好的生态自然环境、山地立体气候特征、绿色种植方式，石柱发展出了辣椒、黄连、莼菜、兔肉四大特色主导产业，并重点培育了冷水鱼、高山蔬菜、食用菌、高山粮食、高山水果等优势产业。

尤为重要的是，石柱农产品所含锌元素高于国内其他地区农产品所含水平。而锌是人体必需的微量元素，对人体生长发育具有不可替代的重要作用，被称为“生命之源，智力之花”。

远离现代工业的石柱县，保留了风土、人情、物产淳真的本源面貌，因此，从对接消费者追求食物本真味道的消费趋势出发，确立其品牌名称为“源味石柱”。

“源味”在强调石柱良好的生态环境和产品质量管控体系能够保证农产品“本源之味”的同时，也强调其产品富有被称为“生命之源”的微量元素锌。

二、品牌口号：源味石柱，以锌养心

作为竞争性的品牌战略，其市场竞争的利器之一就是开展差异化竞争。对石柱农产品而言，其最显著的差异化利益点就是富含锌元素。另一方面，消费者日益关注自身健康，对具有营养保健功能的农产品需求旺盛，而国内在营销传播中诉求“硒”的营养保健价值的农产品品牌较多，却鲜有诉求锌的区域公用品牌。

因此，从差异化竞争和抢占消费心智的角度出发，本案确立品牌口号为“源味石柱，以锌养心”，在传达石柱农产品绿色、原生态的同时，突出强调锌元素的营养价值。

三、品牌符号：品牌LOGO

“源味石柱”品牌LOGO以土家族“背篓”形状为基础轮廓，用“西兰卡普”编织纹理、色彩丰富背篓形象，彰显土家族特色风情；品牌名称字体也采用“西兰卡普”的编织纹理进行设计；整体形象美观大方，具有较高的识别度与差异性。

“源味石柱”品牌LOGO

石柱县是全国四个土家族自治县之一，土家族人口占全县总人数的70%，显然，土家族文化是石柱地域文化中最突出的特征。作为区域公用品牌，“源味石柱”既承担着带动农业产业发展、提升产品溢价能力的功能，也承担着传递区域土家族文化和形象的功能。

土家族是以古代巴人为主体，与其他民族融合而成的民族，世代生活在大山之中，自古依托背篓装肥料、运粮食、托物资，因此，土家族又被称为“背篓上的民族”。“背篓”不仅仅是他们生产生活中的一个工具，更是他们全部生活方式的象征意象，也是传递“原始最初本味”的代表符号。

因此，“源味石柱”选取了“背篓”作为品牌LOGO的主要图形元素，并用“西兰卡普”样式的花纹进行装饰。“西兰卡普”是土家族语，即花铺盖的意思，是土家族人智慧和技艺的结晶，被称作“土家之花”。土花铺盖工艺独特，纹样美观，内容丰富，是与湘绣齐名的织锦技艺，反映了土家族“好五色衣服”“衣裳斑斓”的习俗。

“背篓”与土花铺盖的结合，就形成了“源味石柱”独特而醒目的品牌主形象，象征着大山里的土家族人用原始的方式将原生态深山里的原味好物背出来，献给更多的消费者。这就是“源味石柱”的含义。

四、品牌符号：品牌辅助图形

“源味石柱”品牌辅助图形是由四幅图形构成的系列组合。其一是土花铺盖的条纹结构，形成品牌独有的纹样，用于条块状的封条、边角纹饰等场景。

“源味石柱”品牌辅助图形

其二为石柱的特色优势农产品插画，以辣椒、黄连、莼菜、肉兔为代表，标明产品的品类。

“源味石柱”特色优势农产品插画

第三和第四幅则是土家族人身着民族服装载歌载舞、种植采摘的生活和收获场景，一方面展现了石柱其他优势农产品，另一方面表现了“歌舞之乡”石柱的民族风情，营造了独具韵味的品牌调性。

“源味石柱”场景插画

云江丰味

一、品牌名称：云江丰味

“云江丰味”是浙江省温州市瑞安市打造的农产品区域公用品牌，是对瑞安供销社运营的“瑞安农产”品牌的一次颠覆性升维重塑。

对于区域公用品牌而言，品牌名称是区域特征与区域形象的有效载体。飞云江穿城而过，是瑞安的母亲河，不仅奠定了这座城市云瑞江山、远近相安的城市气质，也滋养孕育了这片土地上的万千农产品，为人们提供了丰富多样的美味体验。

瑞安飞云江

因此，确定瑞安农产品区域公用品牌的名称为“云江丰味”。这一名称体现了瑞安的山水景观特征，凸显了飞云江的区域背书功能与价值，寓意着丰收的美好愿景，能够链接多元消费需求，呼应这座城市的底蕴。

二、品牌口号：云江丰味，味从山海来

品牌口号是品牌核心价值和利益诉求的有效宣示。“云江丰味”品牌口号从瑞安枕山襟海的地理地貌出发，将这种自然地理景观特征、丰富农产品的生产场域与消费者对于高山大海的向往进行情感链接，最终确定为“味从山海来”。

“味从山海来”之“味”有三个层级的价值表达。首先，它指物产风味，是源自山海农产的本真滋味，是物质的、具象的。其次，它指人生况味，是那种见过“高山”、到过“大海”、胸怀日月星辰、有格局有视野的消费群体体验过的人生百味。最后，是梦想的滋味，因为这里是“三位一体*”改革的发源地，这里开启的综合型、集成式为农服务体系是国家“三农”综合改革的国家命题之一，这里的品牌实践是解决了千家万户生产的组织化问题之后的必然选择，承载了亿万农民共同富裕的梦想。

三、品牌符号：品牌LOGO

“云江丰味”品牌LOGO提取了瑞安四个方面的代表性元素，分别是飞云江的走势、条状纵横的田野、勤劳躬耕的农人以及代表了中华

* 2006年，时任浙江省委书记的习近平同志亲自部署和推动的一项“三农”改革探索，以农民合作经济组织体系建设为重点，发展生产、供销、信用“三位一体”综合合作。在浙江省，以农合联（农民合作经济组织联合会）的形式融合了农民生产合作社、供销合作社、农民信用社等会员，并吸纳了一批家庭农场、农产品流通企业、电商企业等新型主体会员。

民族五谷丰登集体意识的“丰”字福贴。

“云江丰味”品牌LOGO设计元素

对以上元素进行创意组合，由此形成云江丰味的品牌LOGO主形象。它以喜庆的红色为底色，构建了一个五谷丰登的“丰”字福贴，其笔画进行了粗糙的质感处理，更添中国书法手写的韵味。它也像飞云江蜿蜒穿过的条块分割的田野，构建了一幅农人躬耕于田野的图景。其三横一竖象征着这里是“三位一体”改革的发源地。

“云江丰味”品牌LOGO

四、品牌符号：品牌辅助图形

“云江丰味”的品牌辅助图形从农产品的生命周期出发，以呼应中国消费者对“不时不食”的味蕾追求。作为瑞安的多品类农产品区域公用品牌，其提供了适合四季享用、全年供应的丰味农产。因此，其品牌辅助图形选取了四季的典型特征作为主要表现对象，并用不同的色彩形成调性区隔。

“云江丰味”品牌辅助图形选用了当地具有代表性的四种农产品作为主要表现元素——索面、水产、柑橘、大米，并对其进行了艺术化处理。每幅辅助图形的下方都有一个镶嵌了“瑞安”二字的圆形雕花

“云江丰味”品牌辅助图形

窗格，里面是瑞安的吉祥鸟“白乌”。这样的设计极大地弥补了品牌在命名上没有直接采用瑞安的缺憾，具有明确的地域指向性。

根据产品的品类差异和消费场景的不同，特别是不同产品对物流、仓储、冷链等条件要求的差异，“云江丰味”品牌产品可以组合为多种礼盒。上述四种品牌辅助图形恰好可以用于区分不同类型的礼盒包装，同时在调性上又能够保持一致性，不至于杂乱无章。

“云江丰味”品牌辅助图形应用

下篇 XIAPIAN

区域公共品牌

浪漫山川

一、品牌名称：浪漫山川

“浪漫山川”是浙江省安吉县山川乡打造的乡镇区域公共品牌，2012年开始系统性重塑，取得了显著的经济效益和社会效益，旅游人数从2012年的12万人次增加到2014年的46万人次、2017年的近60万人次，并在近年来持续保持在60多万人次的水平，农民人均收入、乡政府财政收入和招商引资（含外资）都取得大幅增长。

作为“美丽乡村”发源地安吉县的下辖乡镇，自2011年开始，山川乡就被列入“优雅竹城—风情小镇—美丽乡村”区域发展战略中的首批风情小镇建设试点乡，是安吉乡村旅游重点发展区。

山川乡位于安吉南端，与杭州接壤，是安吉临杭第一乡，因境内多山多川而得名。全乡植被覆盖率93.1%，空气质量一级，地表水一级，2004年4月被国家环保总局命名为第二批全国环境优美乡镇。

市场调研显示，消费者以乡村作为旅游目的地，存在三个方面的消费需求。其一是怀旧的：儿时生活在乡村，后居于城市之中，怀念儿时味道和生活场景；其二是浪漫的：他们对乡村生活和自然风光存有田园牧歌式的浪漫想象，认为乡村是诗意的存在；其三是自由的：

这部分消费者厌倦了都市快节奏、高压力的生活，希望放空自己，远离都市钢筋混凝土筑就的“牢笼”。

在此基础上，回看山川乡可以发现，早在2012年之前，它就曾使用“秀美山川，浪漫乡村”的品牌口号进行传播，虽然该口号容易造成消费者误读，将山川理解为山川河流，但也积累了一定的消费认知。

从资源禀赋看，山川乡有北斗七星中天珠星和天矶星相爱被贬下凡的爱情故事，有千年古刹石佛寺，有芳草园、竹海乐园、大峡谷、瀑布、阮氏古宅等自然和人文景点，是浪漫爱情故事和浪漫体验的发生地。

因此，从消费追求、资源禀赋和品牌资产承继的角度，确立山川乡的品牌名称为“浪漫山川”，并将其定位为“浪漫乡村生活首选地”。

二、品牌口号：阅乡村，悦生活

“浪漫山川”想提供给消费者的是可以慢下来、静下来、停下来的生活方式，而不是“上车睡觉，下车拍照”的乡村匆匆一瞥。这种生活方式需要消费者能够真正融入乡村、读懂乡村，然后从中获得内心关于浪漫的喜悦。

这种喜悦是一种悦目悦耳的欣赏，是一种悦心悦身的体验，是一种悦志悦神的感悟。因此，“浪漫山川”确立其品牌口号为“阅乡村，悦生活”，以此来打动都市消费人群对乡村旅游的向往。

三、品牌符号：品牌LOGO

“浪漫山川”品牌LOGO从山川乡游览地图的重要景点中提取出位置和关系元素，与北斗七星的爱情传说相印证，与浪漫星空的景象相结合，探寻浪漫的符号化表达。

品牌LOGO是消费者在乡村仰望星辰的抽象化表达，也是山川乡散落在各处的景点和村落的抽象化表达。一个是天空的浪漫，一个是大地的浪漫，两者与浪漫的缤纷色彩一起构成了山川乡的独有的星座图腾。它也是一幅心灵的导引图，引导消费者去山川乡追寻属于自己的浪漫之旅。

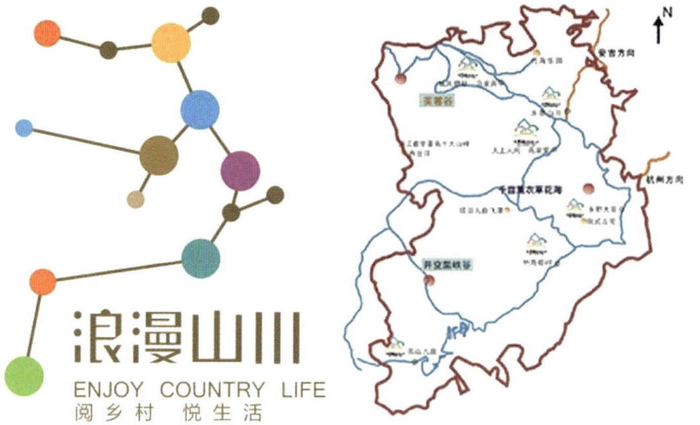

“浪漫山川”品牌LOGO

四、品牌符号：品牌辅助图形

作为基于全域空间及其所有资源品牌化的乡村品牌，“浪漫山川”品牌辅助图形更多地展现了空间特征和可以赏玩的资源特征。根据山川乡可以游玩的项目和区域人文特征，品牌辅助图形从方便消费者识别、引导消费者游览的角度规范了品牌未来可以应用的导视系统和应用场景。

品牌辅助图形采用与品牌LOGO一致的圆形构图方式和多彩配色方式，传递出轻松、快乐、自然、浪漫的乡村旅游方式，阐释“浪漫乡村生活首选地”的价值内涵。

“浪漫山川”品牌辅助图形

美域蓝田

一、品牌名称：美域蓝田

“美域蓝田”属于县域区域公共品牌，有全域旅游目的地特征和城市品牌特征，其品牌名称主要基于品牌价值基础、品牌定位与品牌消费人群的需求之间的匹配性。

蓝田县，是一座因玉而享誉全国的城市。唐朝著名诗人李商隐写下的千古名句“沧海月明珠有泪，蓝田日暖玉生烟”，更是奠定了这座城市温暖如玉的气质。正是蓝田“美玉”成就了今日蓝田。

“美食美玉美汤泉，上风上水上蓝田”。“玉之美者谓之蓝”，美玉奠定了蓝田的文化底蕴，也是蓝田的超级符号和代表元素。蓝田还是勺勺客的故乡，关中美食厨师遍及世界各地；蓝田有著名的汤峪温泉，是西北著名的温泉康养胜地；蓝田还是著名文学作品白鹿原的原型地，也是我国第一部成文乡约的诞生地；如此等等。

综合而言，蓝田的美是一种包罗万象的多元之美、全域之美。在时间上，它是亘古以来历经时间考验的美；在空间上，它体现从城市到乡村的全区域之美。

据此，本案提炼其品牌名称为“美域蓝田”，这一品牌名称表明蓝田缘起“美玉”，呈现蓝田的自然原貌“美域”，表达出希望八方游客和投资者在蓝田收获“美遇”的衷心祝愿，更凸显蓝田想要打造新时代我国城乡融合发展样板、远扬蓝田“美誉”的执着追求。

二、品牌口号：美美与共，日暖玉城

“美域蓝田”之美的根本意义在于：让本地人拥有获得感、幸福感，能够安居乐业；让旅游者拥有良好的体验感、获得较高的满意度，能够身心愉悦；让投资者产生向往和信赖感，能够事业有成。这就是著名学者费孝通先生所提出的“各美其美、美人之美、美美与共”的理想境界。“美美与共”是蓝田给予世人的美好祝愿，是“玉成其美”、如沐暖阳的消费体验，与这座“玉城”的“日暖”气质一脉相承。

因此，提炼其品牌口号为“美美与共，日暖玉城”。这一口号匹配蓝田独有的区域特质，彰显其差异化个性特征，读起来朗朗上口，易于记忆，活用经典，化用诗词，能够短期内使消费者对蓝田形成亲切良好的认知，为构建品牌形象和品牌消费关系奠定基础。

三、品牌符号：品牌LOGO

“美域蓝田”品牌LOGO设计，选取了四个代表性元素——蓝田美玉、白鹿原的白鹿、温泉和象征日暖的太阳，与“蓝”字进行融合设计，最终形成美域蓝田的玉形LOGO设计。

“美域蓝田”品牌LOGO

品牌LOGO 整体上是一块温润吉祥的蓝田玉，其纹样设计融入了关中之魂白鹿、汤峪温泉等元素。回首驻足的白鹿传达出对这片土地的无限热爱和留恋，也是消费体验的热爱和留恋。顶部红色的太阳既是玉璧画龙点睛的装饰，也意味着当空的暖阳普照着蓝田大地，传达着这座“玉城”的“日暖”特征。

四、品牌符号：品牌辅助图形

“美域蓝田”品牌辅助图形采用了扁平化的手绘插画风格，将蓝田全域最具有代表性的地理景观、人文景观绘制出来，如白鹿原、王顺山、水陆庵、野桃花谷等，围绕着“美域蓝田”LOGO，构建一幅自然与人文和谐共生、城市与乡村融合发展的图景。插画整体风格简约、色彩明朗，将蓝田县域的区域特征和品牌“美美与共”的核心价值呈现给消费者。

“美域蓝田”品牌辅助图形

作为县域区域公共品牌，其品牌LOGO及辅助图形将广泛应用于各种场景和各个产业，而不仅仅是农业，这是区域公共品牌与农产品区域公用品牌的重要差别。在品牌传播中，其会场展台、海报物料等设计也将广泛应用上述符号元素，以构建、传递统一识别的区域形象。

“美域蓝田”品牌传播物料

杭州·瓶窑

一、品牌名称：杭州·瓶窑

“杭州·瓶窑”是浙江省杭州市余杭区瓶窑镇打造的乡镇区域公共品牌。作为杭州市下辖近郊区余杭区的一个镇，瓶窑镇带有典型的都市近郊小城镇和农业产业属性，因此，瓶窑镇区域公共品牌优先覆盖旗下的农业产业品牌，并遴选出五个农产品区域公用品牌进行示范应用。

瓶窑位于杭州城北，是一座拥有5000年历史古城遗址和300多米南山造像的文化底蕴深厚的小镇，所产稻米、蔬果、竹笋、茶叶等产品均品质上佳，近年来一直背靠杭州都市，发展近郊休闲旅游农业，家庭农场众多。

在乡镇区域公共品牌传播上，瓶窑镇一直采用行政区划名称进行传播。为更好地借势杭州的知名度和快速增长的旅游人群，区别于山西平遥，2019年瓶窑镇决定以“杭州·瓶窑”开展品牌传播。

二、品牌口号：良渚古城，自然之礼

2019年7月，良渚古城遗址入选世界文化遗产名录，轰动一时，良渚街道借此获得了极好的“出圈”传播机会。但很多人不知道的是良渚古城遗址70%以上都在瓶窑镇境内，瓶窑才是良渚古城遗址的核心区。

另外，瓶窑镇也是全国少有的农保、文保、生保、水保四保皆具的城镇，是浙江省5A级景区镇。农保保护了基本农田和农业民生；文保保护了镇内文化根脉；水保和生保则保护了当地生态环境。在此基础上，瓶窑既孕育了多种优质农产品，也孕育了五朵花（芦花、桃花、樱花、油菜花、鸢尾花）等观赏性农业产业。

综上，“杭州·瓶窑”确立品牌口号为“良渚古城，自然之礼”。品牌口号宣示了瓶窑镇是良渚古城遗址核心区的事实，同时回应消费者对自然生态好农产的需求。从全域品牌的角度看，瓶窑镇也是大自然赋予人们农业休闲、文化休闲的空间之礼。

三、品牌符号：品牌LOGO

瓶窑古称亭市，因镇北小山古称亭市山、“山下村落以山名”之故。瓶窑出土的古陶窑遗址表明，自汉代至明代，制陶业在这里一直非常兴盛。因建窑烧制陶瓶，亭市村也称瓶窑。明代万历年间进士、湖州大学士朱国祯在《瓶窑重建真寂禅院记》中写道：“瓶窑其地俗朴民俭，自农桑外多以埏埴为业，故市廛与陶穴相望如栉比。”

以烧制陶瓶文脉为基础，瓶窑镇以“瓶”字篆书的形式设计了“杭州·瓶窑”品牌LOGO，在配色上采用烧制陶器的黏土色。品牌LOGO边缘外围采用参差不齐的出土陶片造型，像从遗址中发掘出来的文物，增强了品牌主形象的历史厚重感。

“杭州·瓶窑”品牌LOGO

四、品牌符号：品牌辅助图形

在统一的品牌LOGO、品牌口号之下，瓶窑镇按照产业规模、惠民程度、消费者喜爱度等标准遴选了五个农业产业品牌——亭市香米、亭市鲜蔬、大观山蜜桃、彭公竹笋、张堰茭白，率先应用其品牌主形象。为更好地凸显每个产业品牌的特色和个性，“杭州·瓶窑”母品牌首先确立了每个产业品牌的标准色，并参照良渚古城遗址中出土的玉器，设计其产业品牌的辅助图形。

“亭市香米”品牌辅助图形采用刻符玉璧的造型，配以水稻丰收季节的金黄色和稻穗设计而成。稻穗采用颗粒状设计，向古城遗址中出土的5000多年前的碳化稻谷颗粒致敬。

“亭市香米”品牌辅助图形

“亭市鲜蔬”品牌辅助图形取玉鸟的轮廓外形，结合蔬菜的深绿色和叶菜、南瓜、豌豆、土豆等蔬菜图案元素设计而成。

“亭市鲜蔬”品牌辅助图形

“大观山蜜桃”品牌辅助图形取三叉形器的轮廓外形，结合桃花的粉红色和桃林、桃花、山形等意象元素设计而成，形成漫山遍野开满桃花的意境。大观山蜜桃的字体设计采用了良渚古城遗址出土的陶器底部的刻画符号样式。这些陶器底部的刻画符号就是中国最早的品牌实践和品牌标识佐证。良渚古城遗址中出土的文物中也有碳化的桃核，说明5000年前这里就适宜种植桃。

“大观山蜜桃”品牌辅助图形

“彭公竹笋”品牌辅助图形取冠形器的轮廓外形，结合春笋生发时期的嫩绿色和竹笋、竹竿意象设计而成。彭公村是瓶窑镇盛产竹笋的村庄之一。“彭公竹笋”在上海市场具有很高的认知度。

“彭公竹笋”品牌辅助图形

“张堰茭白”品牌辅助图形取玉兽面纹璜的轮廓外形，结合茭白生长的淡绿色和水域环境、产品外形设计而成。

“张堰茭白”品牌辅助图形

借助产业品牌的系列辅助图形设计，在“杭州·瓶窑”区域公共品牌的统一背书功能下，瓶窑镇各产业品牌既有鲜明的品牌个性特征，又形成相互支撑、调性统一的母品牌形象。

“杭州·瓶窑”五大农业产业品牌海报

醉三都

一、品牌名称：醉三都

三都镇位于浙江省建德市东部，因镇政府驻三都村而得名，2021年4月入选“2021年度浙江省美丽城镇建设样板创建名单”。

三都镇是富春江、新安江和兰江三江交汇处，因而，镇内有村名为“三江口村”。游客至三都镇可观江河壮阔、水天一色、层峦叠嶂，沉醉山水之间。据说，这里曾是《富春山居图》的点墨处，在卷首段仍可寻得三都镇秀美风光的神韵。

依托这片秀美风光和人文底蕴，三都镇近年来成为周边游的度假胜地，发展出了特色优势鲜明的“红绿灯”产业：三都西红花（红）、三都香榧（绿）、三都柑橘（橙）。游客至此，不仅欣赏山水，也陶醉在橙黄橘绿的果园里。

在800多年的泛江而居的生活中，三都镇的九姓渔村发展出了丰富多彩的民俗文化活动和特色美食，其中九姓渔民婚俗已经成为浙江省非物质文化遗产。渔村的九姓渔民水上婚礼、祭江仪式、特色鼓表演等民俗表演，九姓九味全鱼宴、灰汤粽、三都麻糍等特色美食以及垂钓、民宿等体验项目，都令游客心醉神往。

三都镇远离城市喧嚣，静谧祥和，近年来也依托山水资源发展了高端民宿，江南秘境、云漫松间等火遍小红书的特色景宿成为越来越多消费者放松身心、神醉乡野的好去处。

基于带给消费者的物质和精神双重陶醉的特征，三都镇政府确立了“醉三都”品牌名称，并在近年来开始探索对外传播的路径。

二、品牌口号：醉有来处，亦有归处

从三都镇的资源禀赋梳理中可以看出，“醉三都”醉在山水、醉在舌尖、醉在民俗、醉在民宿，这是三都镇的“醉有来处”，是“醉”物质层面的价值支撑。

显然，这只是表象。“醉”兼有身体和心理体验的特征。在精神层面，它是人内心深处最隐秘的向往和留恋，是对“我是谁，我从哪里来，我到哪里去”人生终极之问的情感流露。青山不语，流水常在，“醉”的是心，一切皆因心动，并最终沉淀为人的阅历、经验和内省，去重新思考人与自然、人与社会、人与人之间的关系。这种思考成就了一个人的内在精神和思想世界。

因此，“醉三都”从消费者的消费期待出发，结合自身资源禀赋，在哲学的层面上提倡人应该“诗意地栖居”，确立品牌口号为“醉有来处，亦有归处”。

三、品牌符号：品牌LOGO

“醉三都”品牌LOGO以字体设计为主，采用中国书法的形式，模拟沉醉之人，以古朴笨拙、旁枝斜出的手法，写就品牌名称。深绿色的字体衬于白底之上，使留白处如浩渺水面，字体笔画如“虬枝照水”。

品牌LOGO对局部细节进行艺术化处理，增添三都镇代表性物产元素和中国山水意境。“醉”字枝头用柑橘之橙色与西红花之红色做花状点缀，隐隐有梅花之感；字体中的“点”状笔画采用香榧果实和绿叶的形状，并用淡绿色的叶子点缀“都”字一撇，增添盎然生气。品牌主形象中还巧妙地将“三”字一横化身为小船，增添渔夫形象，营造出“诸山皓然，寒江独钓”的山水画意境，呼应三都镇三江交汇水系发达、九姓渔村渔火绵延不绝的区域特征。

“醉三都”品牌LOGO

四、品牌符号：品牌辅助图形

“醉三都”作为乡镇区域公共品牌，具有为全域文化、旅游、农业、工业、服务业等诸多产业作信用和形象背书价值。在乡村振兴、共同富裕的战略背景下，三都镇率先将亟须品牌引领、提升溢价的三个农业产业三都柑橘、三都香榧、三都西红花遴选出来，进行示范应用。

“醉三都”延续一直传播的“红绿灯”产业思路，确立每个产业品牌的标准色，参照每个产业农产品的外形特征，进行创意插画绘制，并将其置于《富春山居图》淡淡的水墨画卷之上。品牌辅助图形在表达三都镇良好的生态环境和自然景观的同时，也通过各自的品牌口号“一年好景，醉是橙时”（柑橘）、“草木有实，山野予香”（香榧）、“一花一色，一丝欢喜”（西红花）和中国传统绘画般的质感传达了产品的价值感。

“醉三都”三大产业品牌产品包装

寻脉叶县

一、品牌名称：寻脉叶县

“寻脉叶县”是河南省叶县打造的县域公共品牌。叶县位于河南省西南部，属于平顶山市，古称昆阳，春秋时期曾是许国国都。楚国宰相沈诸梁被封于叶邑，史称“叶公”，是全球叶姓华人的祖先。叶县是世界叶氏祭祖大典的举办地，是分散在全球各地的叶氏族人恳亲拜祖的地方。

叶县文脉芳远。叶公曾在此地问政孔子，孔子留下了“近者悦，远者来”的德政怀远佳话。北宋文学家、书法家黄庭坚在此用行书体书写的《幽兰赋》碑刻流传至今。境内有仰韶文化遗址、明代五品县衙等多处国家级、省级文物保护单位，出土了大量珍贵历史文物。

叶县是国家矿业联合会命名的“中国岩盐之都”，矿脉丰富，储藏量大，建有中国盐岩博物馆。叶县地处中原大地，水资源丰富，兼有平原与丘陵地貌，适宜生产多种农作物，是中原美食的传承者。

因此，叶县确立其区域公共品牌名称为“寻脉叶县”，以展现其叶氏宗脉深厚、历史文脉芳远、盐岩矿脉丰富、中原食脉多元的区域特征。“寻”字意味着在当前叶县区域特征还未充分彰显、还未被国人广泛认知的情况下，人们需要通过信息搜寻、亲身找寻的互动过程去发现叶县的美好。

二、品牌口号：中原一叶，近悦远来

在整个中国的版图中，可以看到叶县处于我国中原腹地，为更好地告知受众叶县的地理位置，加深受众记忆，改善区域知名度、认知度不足的问题，“寻脉叶县”决定借助中原大地确定叶县的地理坐标。

另外，区域公共品牌建设的目标是为了带动区域产业、经济、文化等各方面的发展，让本地人安居乐业，提升其幸福感、获得感、自豪感；是为了提升区域形象，增强区域影响力、竞争力、感召力，让游客有更好的体验感、愉悦感，让投资者有信赖感、归属感。这不就是叶公问政中“近者悦，远者来”的现代演绎版本吗？理想的施政思想在这里穿越千年，实现了殊途同归。

综上，“寻脉叶县”确立其品牌口号为“中原一叶，近悦远来”。“中原一叶”点出了叶县的地理位置，“近悦远来”表达了叶县的发展愿景。

三、品牌符号：品牌LOGO

“寻脉叶县”品牌LOGO以繁体字“葉”为主要轮廓外形，从叶县文庙、五品县衙的建筑设计中提取视觉元素，以彰显叶县深厚的人文历史积淀。品牌LOGO基于叶氏宗族文化，结合树叶脉络表现形式，艺术性地表现了叶县人对本地、叶氏族人对故土的深深眷恋。品牌LOGO也从叶县出土的青铜器纹样中汲取了代表性元素，以凸

寻脉叶县
中原一叶　近悦远来

“寻脉叶县”品牌LOGO

显区域的文脉传承。

品牌LOGO具有明确的区域指向性，既具有历史文化底蕴又具有极强的现代设计感，有效链接叶县的历史、当下与未来。

四、品牌符号：品牌辅助图形

“寻脉叶县”品牌辅助图形以“叶脉”脉络的形状塑造了一个色彩斑斓的寻宝迷宫。在迷宫中，消费者可以寻找到叶县方方面面的宝贝，有叶县的农产，如小麦、蔬菜、水果等；有叶县餐饮，如羊肉烩面、硬面馍等；有叶县的文化地标，如文庙、五品县衙等；有叶县的自然景观地标燕山湖和工业代表企业等，真正体现了“寻脉叶县”的价值内涵。

值得一提的是，品牌辅助图形中叶脉之间构成的通道，是岩盐地下开采通道的象征表达，呼应“中国岩盐之都”的城市气质。

“寻脉叶县”品牌辅助图形

永安稻香小镇

一、品牌名称：永安稻香小镇

"永安稻香小镇*"是浙江省杭州市余杭区余杭街道下辖的永安村、溪塔村等八个位置邻近、以稻米为主要农业产业的乡村组团发展而打造非行政区划意义上的小镇区域公共品牌。

近年来，随着杭州城市的快速发展，其下辖的余杭区余杭街道的永安村等八个农业行政村面临着如何分享杭州城市旅游红利、共享经济发展成果的问题。众所周知，农业的比较效益较低，如何在城市快速发展的同时兼顾郊区农业乡镇的获得感和幸福感一直是一个严峻的社会问题。

对永安村等八村而言，这一问题尤其突出。这里有近3万亩的基本农田保护区，只能用于种植粮食、果蔬等农产品，难以进行商业用地开发。与此形成鲜明对比的是，互联网科技巨头阿里巴巴总部就在余杭区，每年上缴数以亿元计的税收，耀眼的光芒直接将农业产业隐在

* 根据2020年9月国务院办公厅转发的国家发改委《关于促进特色小镇规范健康发展的意见》和2021年9月国家发改委等十部委印发的《全国特色小镇规范健康发展导则》，除进入省级特色小镇认定清单中的对象，其余类型的特色小镇、特色镇或某某小镇等名称均不能再使用。因此，永安稻香小镇后更名为禹上稻乡。

了身后。同样处于余杭区，不同产业收益的云泥之别和乡村农人收益低的问题，该如何解决？

余杭区农业农村局和余杭街道决定将永安村等八村连片组团发展，打造基于稻米产业的稻香小镇品牌。永安村是八村中“美丽乡村”基础建设最好的乡村，其名称又承载永安美好寓意，因此确立将余杭街道这八个村作为虚拟小镇品牌的发展路径，品牌名称为“永安稻香小镇”。

二、品牌口号：稻色新，永安心；阿里以西十分钟，永安稻香小镇

“永安稻香小镇”以稻米为主导产业，但又不仅仅局限于稻米产品本身。实际上，作为都市近郊农业乡村，它为近郊乡村游提供了丰富的吃喝游玩业态和体验。

在自然资源上，北苕溪水滋养孕育着稻香小镇的村民与作物，娘娘山大禹谷的松翠使小镇具有可供探险的自然景观。在历史文脉上，距今数千年历史的良渚遗址文明、舒公塔等历史遗迹以及“杨乃武与小白菜”的传奇故事赋予了小镇独特的文化底蕴。在产业资源上，以水稻为主，以茶叶、鲜果、河鲜为辅的特色农产品为小镇输送了优质安心的田园物产；悠闲舒适的休闲农庄、特色民宿为小镇提供了安心可靠的食宿配套。

因此，基于目标消费群体的消费需求和“永安稻香小镇”的资源禀赋，确立其品牌口号为“稻色新，永安心”。“稻色新”表明了稻香小镇的核心主导产业，寓意着稻香小镇年年岁岁的丰收，彰显其5000多年的稻作文脉。“永安心”表达了以稻为特色的休闲新空间的安心闲适、对生态环境的永续利用和乡村生活的安宁，能够有效对接消费者对安心农产、安心环境的需求，提供让消费者信赖的价值主张，同时

照应永安村核心村落。稻米是国家粮食安全的重要基石，国有存粮天下安。品牌口号也表达了国家粮食安全的家国理念。

“稻色新，永安心”品牌口号押韵，朗朗上口，具有很强的传播力。但这里的乡村由于地方较小，地名不太为人所知，还需要解决消费者对区域位置的认知问题。因此，“永安稻香小镇”还确立了品牌副口号为“阿里以西十分钟，永安稻香小镇”。

“阿里以西十分钟”借势广为杭州消费者所知的阿里总部，解决了消费者不知道稻香小镇在何处的问题，让消费者迅速估算出出行成本和距离，以便做出决策。

三、品牌符号：品牌LOGO

“永安稻香小镇”品牌LOGO

“永安稻香小镇”品牌LOGO完美阐释了“稻色新，永安心”的核心价值，选取象征产业类别的新绿禾苗、象征生态环境的白鹭和象征江南建筑的粉墙黛瓦三种元素设计而成。品牌LOGO设计采用了中国山水画中的留白手法表现粉墙，用负形表现白鹭，营造出江南水乡“漠漠水田飞白鹭”的场景。

为增强品牌LOGO的适用性，结合稻米不同季节的稻色，“永安稻香小镇”确立了两个版本的品牌主形象，一个是生机勃勃的绿色，一个是丰收在望的金色。

“永安稻香小镇”品牌LOGO

四、品牌符号：品牌辅助图形

“永安稻香小镇”品牌辅助图形对品牌LOGO进行了再次演绎，在水稻秧苗设计元素的基础上，添加了飞舞的蜻蜓、蛐蛐、青蛙等动物元素，以增强画面的灵动感。

同时，为贴合都市消费者亲子游，增加与游客特别是儿童消费者的互动，品牌辅助图形还将白鹭元素拟人化、卡通化，以便在更多娱乐场景中与消费者对话。

“永安稻香小镇”品牌辅助图形

后记

POSTSCRIPT

这本书的成型，主要得益于浙江大学胡晓云老师系统建构的农业品牌理论及其在中国大地上的适用性，得益于以胡晓云为首席学术顾问的浙江大学中国农村发展研究院（英文简称：CARD）中国农业品牌研究中心、浙江永续农业品牌研究院、浙江芒种品牌管理咨询机构的品牌实践。作为团队中的一员，本人受益良多，与有荣焉。

因此，在本书付梓之际，我要特别感谢我的硕士生导师胡晓云老师。依稀记得2001年，那个阳光明媚的秋季午后，我乘坐公交车从火车站去浙江大学人文学院报到，阳光从深绿色的香樟树叶间洒落下来，斑驳了杭州城市的街道。那时候我的内心多少有些迷茫，不知道未来会攻读哪个研究方向。后来我在新闻与传播研究所认识了胡晓云老师，并跟随她从事品牌学、广告学研究，获得了传播学硕士学位。毕业后，我在中国计量大学任教，一直从事广告学、品牌学的教学科研工作。2007年，因缘际会，我又成为胡老师团队中的一员，在教学之余，投身农业品牌的研究和实践，直至当前。

在此，我还要特别感谢《农民日报》高级记者蒋文龙先生，他有一种在任何时候都能提供真知灼见、开阔思路的本领；感谢浙江大学艺术与考古学院李承华教授，他和他带领的团队以极富创造性和艺术感染力的设计作品为中国农业品牌的视觉传达效果增光添彩。

我要衷心感谢团队中和我一起并肩作战、持续探索的小伙伴们，他们是浙江芒种品牌管理咨询机构董事长魏春丽、总经理杨巧佳，是他们带领的团队的诸多实践撑起了农业品牌的大半江山，也为本书提供了丰富的研究素材；感谢燧人影像机构蒋凭轩导演，他导演的农业品牌形象片获奖无数，将抽象的品牌口号和静止的品牌符号转变为具象的、流动的影像，让品牌更生动、更鲜活、更富人情味；感谢浙江永续农业品牌研究院副院长方赞文和施金敏、李姝燕，是他们的理论研究和实践探索在为农业品牌的未来寻找解决方案。

我能够常年从事农业品牌实践，行走在祖国各地，将论文写在中国的大地上，还得益于中国计量大学艺术与传播学院领导给予我的宽松的教学科研氛围。他们坚信我从事的农业品牌实践对区域经济发展、乡村振兴、共同富裕具有重要的价值和意义。

本书成书过程中还得到了我的硕士研究生的帮助，他们是中国计量大学品牌设计与文化传播方向的王朋、易宣羽、杨再鹏、袁梁、邵沁怡。浙江大学博士生陈清爽、万琰和浙江农林大学硕士研究生张楚伟也对本书贡献了诸多智慧，在此一并致谢。

本书对案例的阐释和解读，如果有闪光之处，那一定是上述各位及其团队成员智慧创造的结果；如果有疏漏瑕疵，那一定是作者力有不逮之处，恳请大家批评指正。

李闯

2022年3月6日